松下幸之助はなぜ成功したのか

人を活かす、経営を伸ばす

江口克彦
EGUCHI KATSUHIKO

はじめに

松下幸之助さんは、平成元年4月27日に逝去しました。しかし、実際にはいまもなお「生きている」と言ってもいいのかもしれません。

「人間は二度死ぬ。一度目は、肉体が滅びた時。二度目は、人々から忘れ去られた時だ」という言葉は、このところ、よく言われていますが、誰の言葉なのでしょうか。

オーストラリアの先住民のアボリジニの言葉だとか、フランスの芸術家、クリスチャン・ボルタンスキーが言った言葉だとか、俳優の故・松田優作さんの言葉だとか、故・永六輔さんの言葉だとか、他にもさまざま。誰が言い出した言葉なのか、分かりませんが、確かに名言だと思います。

メーテルリンクの名作『青い鳥』の中で、チルチルとミチルが、「思い出の国」の場面で、ずっと前に死んだおじいさんとおばあさんに会います。四人は抱き合って再会を喜びます。おじいさんが、言います。「お前たちが思い出してくれるだけでいいんだ。そうすれば、この通り目が覚めて、お前たちに会うことが出来るんだよ」

松下幸之助さんについて、逝去して三〇年近くになるにもかかわらず、なお、人々に膾炙（かいしゃ）され、また、松下さんの実績からなにかを学ぼうとする人たちが多いということは、確かに、松下さんの肉体は滅びましたが、多くの方々が思い起こし、思い継いでいるということ。そのことはとりもなおさず、松下幸之助さんは、いまなお、「生きている」ということが出来るのかもしれません。

では、どうして、松下幸之助さんが、なお「生きている」のか、多くの人がなお、「思い起こし、思い継いでいる」のかということです。それは松下さんの考え方に「人間観」が貫かれているからだと思います。その経営にも、その経営観にも、その底流には「人間」があるからでしょう。経営についてだけ、経営観についてだけなら、同時代の経営者の方々も、同じようなことを言っています。しかし、同じ言葉であるにもかかわらず、多くの人たちがなお、松下さんに惹かれ、松下さんの言葉に関心を持ち続けるのは、同じ光、輝きでも、ジルコニアではなく、ダイヤモンドと感じているからだと思います。

松下幸之助さんは、かつてアメリカの『ライフ』誌に、「最高の産業人、最高所得者、思想家、雑誌発行者、ベストセラー著者」と紹介されました（昭和39年　1964）が、その中で、

「思想家」という指摘は、松下幸之助さんをよくぞ見抜いていると思います。ほかの四つは、具体的に誰でも分かりますが、松下さんを、深く分析、理解していないと、「思想家」として挙げることはしないでしょう。

実際、今日、あまたの松下幸之助さんに関する書籍、雑誌が出ていますが、「思想家・松下幸之助」として捉えているものは、ほとんど皆無。たいていは「最高の産業人」、すなわち「経営者・松下幸之助」でしか捉えていませんし、コメントしていません。しかし、松下幸之助という人は、経営者というより、思想家、哲学者。もちろん、経営者として「最高の産業人」となりましたが、その経営なり、経営観は、松下幸之助という人の、死生観、人間観という、思想なり哲学に裏打ちされているのです。

なぜ、死生観を、人間観を持つようになったのか。おそらく、「家族の死」が、松下さんをして、死を考えさせ、生を考えさせ、生きるとはなにか、人間とはなにかを考えさせたと思います。なにせ、両親と八人兄弟。次々と結核で死んでいく。松下さんの26歳頃までに全員が亡くなる。そして、松下さん自身も20歳の時、結核の初期である肺尖カタルにかかる。当時は「結核即死」でしたから、松下さん自身も覚悟したということでした。

そういう「家族の死」を毎年のように見つめながら、多感な10代に衝撃を感じないはずはなかったと思います。心の中で、父の死、母の死、兄の死、姉の死を思わなかったということはないでしょう。当然、死生を考えた、人間を考えたのでしょう。考えて、そのあと、食べるために、生きるために商売を始めているのです。必然、それまでに苦悩し、考え続けた松下さんなりの死生観、人間観が、その後の松下さんの商売なり、経営なりにきわめて大きな影響を与えていると私は思っています。すなわち、松下幸之助さんは、経営者になる以前に、いわば、「哲学者」だったということです。

松下さんの経営には、「貫かれる棒の如きなにか」を感じられる方が多いのではないでしょうか。それは、そのような松下さんの思考から絞り出された、「哲学」、「人間観」だと思います。「人間とはなにか」、「人間の本質とはなにか」。その人間観から、生きるとはなにか、死ぬとはなにかを感じ取る。そこが他の優れた経営者と異なるのではないか。松下幸之助さんの経営の話、経営の言葉を聞いて、読んで、平凡な言葉だとしても、なにかを感じるのは、一言一句、一話一談の奥に、いまも読む人、聞く人に「共鳴するなにか」を感じさせるからではないかと思います。

本書は、東洋経済オンライン連載を、全面的に書き改めることにして、その松下幸之助さんの経営、人生に貫かれた「人間観」を出来るだけ浮彫りにし、分かりやすく書き記してみたいと思い、私の思うところを、新たに、まとめてみました。

多くの方々のご参考になることを願いつつ、また、本書上梓に当たり、ご助言、お力添えいただいた、東洋経済新報社の東洋経済オンライン編集長・山田俊浩氏、また同出版局編集第一部長・岡田光司氏に、心から謝意を表します。

平成28年10月28日

香里園にて

江口克彦

師の逝きて師の説恃(たの)む神無月　（かつひこ）

松下幸之助はなぜ成功したのか

〔目次〕

第三の条　積み重ねる努力

第四の条 育てる衆知

第五の条　悟る使命感

第六の条　貫く人間観

第一の条

滾(たぎ)る熱意

わしの言う通りに、やるんやったら、きみは要らん

松下幸之助さんから、ＰＨＰ研究所の経営を担当するようにと指示を受けたのは、昭和51年4月下旬でした。その年は、11月3日に創設三〇周年を迎えるという年。そのＰＨＰ研究所は、「世のため、人のため」の活動ということで、主に小冊子『ＰＨＰ』誌を発刊し、国民を啓蒙していこうという趣旨で創設されました。ですから、それまでの経営責任者は、『ＰＨＰ』誌を１００万部以上普及することが、啓蒙活動の証しと考えていたようで、そのために社員はどんどん採用しますし、全国各地に7～8カ所も営業所（分室）を配置するようなことをしました。売り上げ5～9億円で、ピーク時、三〇〇人の社員。当然、創設以来三〇年間、経営的に黒字になったことは、ただの一度もありませんでした。

そういう経営状況を見かねた松下さんの周辺から、「ＰＨＰ（Peace and Happiness through Prosperity――繁栄によって平和と幸福を）活動は、世のため、人のためなのだから、財団法

人にすべきです」と、数十人にもなるでしょうか、時に触れ、折に触れ、進言がありました。しかし、松下さんは、そういう人たちが帰るたび、私に「財団法人は、あかん。資金を集めて、その資金でやっていく、あるいは、その運用でやっていくわけや。足らなくなると、資金集めや。他に頼る。そこには自主自立の気概も生まれにくい。たいてい安易しか生まれてこんわね。だから、いつまでたっても赤字や。ＰＨＰ研究所を株式会社にしたのは、そういう真剣味をつくるためや。会社というのはね、生きるか死ぬか。そういう心持ちが、会社を発展させるんや。財団法人にしたらあかん」

赤字続きのＰＨＰ研究所の経営を担当するようになったのですが、財団は、黒字にはならない。赤字が続く。依存心ばかりが生まれる。それでは世の中のためにもならないし、世の中の人たちの役に立っていないということになる、という松下さんの話を「なるほど」という程度でしか受け止めていなかった私は、松下さんが言った「ＰＨＰは自主自立のため、株式会社」ということを忘れ、それまでの経営担当者がおこなっていたように、「ということで、先週も赤字になりました」と経営報告をしていました。ただし、前任者は一カ月に一回でしたが、私は一週間に一回することにしました。

私がそのように報告するようになって、二カ月ほど経った6月の下旬頃と記憶していますが、いつものように報告をすると、いつもと同じように松下さんが、「まあ、しゃあないな、赤字でも。きみたち、若いもんが一生懸命やっているんやから」と言う。「すみません。頑張ります」と型通りの返事をして、次の報告の書類に目を移したとたん、松下さんが私に、「あんなあ、きみ、わしの言う通りに、やるんやったら、きみは要らんで」と言ったのです。そのひと言に、私は仰天し、恐怖すら感じました。

そうだ、そうだった。三〇年間も赤字の続いている会社の経営を、36歳の私に担当させたのは、先輩たちのような、いままでのやり方ではなく、お前のよしとする経営をやってみろ、わしが言うから、その通りにやればいいというような、安易な考えでもって経営をするな、わしの指示を超えた成果を出せ、そしてその結果を持ってこい、と言われているということを、瞬時に理解しました。

そして、二カ月後の期末には、通期で5000万円の黒字にするとともに、それからは、事業を積極的に拡大し、活動を永続化するために適正な利益の確保に邁進しました。もちろん、周囲から、先輩から、さまざまな批判中傷、そして嫉妬を受けました。味方をしてくれたのは、ただただ松下幸之助さんだけでした。そのお陰で、私は、私なりの結果を残しました。研究活動、研修活動、友の会活動、出版活動、海外活動等。さまざまな活動をすべて成功裡に展開しました。経営責任者として三四年間、9億円の売り上げを250億円まで拡大し、利益も、おおむね5~8パーセントを維持、社員数も三〇〇人を堅持し続けました。内部留保も、文字通り0円から80億円まで積み上げました。

松下幸之助さんが逝去する二〇日前、平成元年4月初旬、PHP総合研究所の経営状況と活動状況を報告しました。当時の売り上げは106億円程度でしたが、その時、私の報告を聞きながら、松下さんが涙ぐみながら、「きみ、PHPがこんなに大きくなるとは、わしは思わんかった」と言われた言葉は、社員たちと私への最後の、そして最高のお褒めの言葉、ねぎらいの言葉であったと思っています。いまでも、その時の松下さんの涙を思い浮かべると、私は、思わず胸が熱くなります。

ところで、禅問答のような「わしの言う通りに、やるんやったら、きみは要らんで」と言われた瞬間、なぜ私は、PHP活動の積極化、拡大化、永続化のための利益の確保を直感したかと言いますと、松下幸之助さんの言葉を、そのまま受け取るのではなく、奥の、その奥の真意を受け止めなければならないという経験を幾度もしていたからです。

風の音を聞いても、悟る人がおるわなあ

松下幸之助さんの側(そば)で仕事をするようになって、二度目の冬のある朝、私は松下さんと、京都の私邸の茶室に座っていました。外は風が強く、庭の杉木立が、ひゅうひゅうと鳴っている。二人だけのひととき。緊張している私を見るでもなく、突然、松下さんが、「きみ、風の音を聞いても悟る人がおるわなあ」と、ひと言。私はその時、松下さんが、なにを言っているのか意味が分からず、ただ「はぁ、そうですか」と返事をしただけでした。

しかし、そのひと言が、茶室を出ても妙に私の心から消えない。なんだろうか、松下さんは、なにを私に言いたかったのだろうか。二、三日、頭から離れませんでした。そして、フッと、思ったのです。松下さんは私に、もっと勉強してほしい、問題意識を持って、自分の言葉、話を聞きなさい。そういうことではあるまいか。いや、そうだ、きっとそうだ、と気がつきました。確かに、問題意識があれば、風の音を聞いても悟る人がいる。なるほど、と合点しました。

聞く耳を持っていたら、聞こうという気持ちを持っていたら、なんでもない風の音を聞いてもハッと悟ることが出来るのに、きみと話をしていても、なんとも頼りない。もう少し問題意識を持って話を聞け。松下さんは、こういうことを私に言いたかったのではないか。おそらくそうだったと思います。

例えば、ニュートンです。リンゴの実が枝から落ちるのを見て万有引力を発見したと言われています。リンゴが落ちる光景は、それまで何万人、何千万人、いや、数知れず多くの人が見ていたはずです。それにもかかわらず、ニュートンだけが宇宙の真理の一つを発見したのです。それは、ニュートンに、問題意識があったからでしょう。誰もが、物体は上から下に落ちる。当たり前と気にしなかった現象を、ニュートンは「なぜ?」と考えた。「なぜ?」という問題意識を持ったのだと思います。

松下幸之助さんが、中小企業の経営者の方々を対象に、「ダム式経営」について話したことがあります。「ダム式経営」というのは、川にダムをつくり水を貯めるように、企業も「余裕のある経営」をすべきだというのが、松下さんの持論。話が終わると、参加していた四〇〇人ほどの経営者の中の一人が、手を挙げ、質問をしました。

「おっしゃる通りなのですが、なかなかそれが出来ないのです。どうすれば経営のダムがつくれるのでしょうか。どのようにすれば、ダム式経営が出来るでしょうか」。これに対して松下さんは、「そうでんなあ、やはりまず大切なことは、ダム式経営をやろうと思うことですな」と答えました。

会場からは「なんだ、そんなことか」ということでしょう、笑いが起こったといいます。しかし、その中に一人だけ、衝撃を受けた人がいました。それは京セラを創業して間もない頃の稲盛和夫氏です。稲盛さんは、まだ経営の進め方に悩んでいた頃であったようです。のちに、次のように語っています。

「その時、私はほんとうにガツンと感じたのです。なにか簡単な方法を教えてくれというような生半可な考えでは、経営は出来ない。実現出来るか出来ないかではなく、まず『そうでありたい、自分は経営をこうしよう、という強い願望を持つことが大切なのだ、そのことを松下さんは言っておられるのだ』と。そう感じた時、非常に感動したのです」

四〇〇人ほどの経営者が、同じ話を聞いていたのです。しかし、そのように受け取った人は、稲盛さん一人しかいなかったと言っていいでしょう。稲盛さんには、そのように受け止めるだけの力量があった、問題意識があったということです。のちの京セラの発展は、改めて説明する必要もないと思います。

松下さんのその種の、禅問答のような言葉を幾度も聞かされていましたので、「自分の言う通り、やるのなら、きみは必要ない」と言われ、とっさに、「松下さんの指示以上の結果を出して持ってこい」ということだと私は受け止め理解したのです。

松下幸之助さんは、私が、PHP総合研究所の経営を任されながら、さしたる問題意識も持たず、前任者通りの考え方、やり方を踏襲して経営をし始めたことに、内心、怒りを感じていたのだと思います。なぜ、きみに経営を担当するように指示したか、分からんのか。なぜ、従来通りのやり方をしているのか。そのようなことを、きみに期待して経営を担当させたのではない。従来のやり方を根本から考え直して、新しい経営に取り組め。また、自分の指示通りに事を処理することでよしとせず、自分の指示以上の結果を出して持って来い。このままでは、きみは経営担当者として失格だ。

松下幸之助さんは、そういうことを言いたかった。それが、「わしの言う通りに、やるんやったら、きみは要らんで」という厳しい言葉になったのだと思います。少なくともその時、私は、松下さんの言葉を、その真意を、そのように察知解釈したのです。

溢れるような熱意を持っておるかどうかや

松下幸之助さんは、成功をするためには、なにより、「熱意」というものが大切であるということをよく言っていました。「熱意」こそが、成功するための第一歩であり、同時に、もっとも大切なものであるということです。

「仕事をする、経営をする時に、なにがいちばん大事かと言えば、その仕事を進める人、その経営者の熱意やね。溢れるような情熱、熱意。そういうものを、まずその人が持っておるかどうかということや。熱意があれば、成功する知恵が生まれてくるもんや」

松下さんが成功した理由は、決して一つに帰することは出来ないと思います。しかし、もし、一つだけ挙げよと言われたら、松下さん自身が言っているように、それは、松下さんの、経営に対する、また、人生に対する「滾(たぎ)るような熱意」であったと思います。小学校もろくに出ていない、知識、学問もない、自分では才能があるとは、とても思えない。ただただ、頼むは、一生懸命、日々の仕事に取り組むこと、懸命に人生に取り組むこと。それしか松下さんにはなかった。なかったから、たぶん「滾るような熱意」で日々格闘して生きていたのだと思います。しかし、それが結果として、自分でも信じられないほどの経営者としての成功を収めた。

松下さんが、成功の第一条件に「熱意」を挙げるのは、まさに「自身の実感」ではないでしょうか。学問も知識もない、ひ弱な自分が成功したのは、「熱意だ」というのは、きわめて至当であると同時に、多くの人たちに、勇気と希望を与えるのではないかと思います。いかに才能があっても、知識があっても、熱意の乏しい人は絵に描いた餅に等しいということ。凡人であろうが、学歴がなかろうが、「滾るような熱意」があれば、人は誰でも、「成功の入り口」に立つことが出来るということです。「熱意は、成功の入り口」なのです。

「例えば、販売のやり方が分からん、けど、なんとしても商売を成功させたい、そういう懸命の思い、熱意というものがあれば、そこになんとかしようという工夫が生まれ、知恵が生まれ、成功の道が発見されるようになるんやな。新しい商品をつくりたい、と、ほんまにそう考えるのであれば、人に素直に教えを乞う、指導を仰ぐ、謙虚に耳を傾けるということも出来るわな。いちばんうまくいく方法も考え出されてくる。とにかく、熱意があるかないかが、成功するかしないかの分かれ目や」

保険の勧誘をする人の中で、いちばん多く契約をとる人といちばん少ない人とでは、その契約高に100倍以上の開きがあるということです。同じ会社で同じ商品を扱いながら、これだけの差が生まれるのは、やはり仕事に対する熱意に根本的な原因があるのではないでしょうか。熱心に仕事に取り組んでいる人は、常に「こうしたらどうだろうか」、「この次はこんな方法でお客様に話してみようか」というように、工夫を凝らし、いろいろ効果的な方法を考えると思います。また、同じことを説明するのにも、自分の知識で、お客様のためを考えて、自然と熱がこもり、気迫があふれる、ということになるのではないでしょうか。

「わしは学問もあまりないし、そのうえ体も弱かった。そういう点では、たいていの人より劣っている。そのようなわしが、ともかくも大勢の人の上に立ち、経営にそれなりの成功を収めることが出来たのは、一(いっ)にかかって熱意にあったと思う。この会社を経営していこうという点については、社長である自分が、社員の誰よりも熱意を持たなくてはいけない、それが自分にとっていちばん大事なことだ、と、いつも心掛けてきたな」

もし、少々知識が乏しく、才能に乏しい点があっても、強い熱意があれば、その姿を見て多くの人が協力してくれるようになります。「あの人は熱心にやっているのだから、同じことであれば、あの人から買ってあげよう」、「あの人が気がついていないようだから、これを一つ教えてあげよう」と、目に見えない加勢が自然に生まれてくるでしょう。「熱意」、「熱心さ」は周囲の人を惹きつけ、周囲の情勢を大きく動かし、そして、創意も工夫も知恵も生まれてきます。

例えば、なんとしてでもこの二階に上がりたいという熱意があれば、ハシゴというものを考えつくでしょう。ところが、ただ、上がってみたいなあと思うぐらいでは、ハシゴを考え出すところまでいかないと思います。しかし、「どうしても、なんとしてでも上がりたい。自分の唯一の目的は二階に上がることだ」というほどの「滾(たぎ)るような熱意」のある人だけが、ハシゴを考えつくと思うのです。

いくら才能があっても、それほど二階に上がりたいと思っていなければ、ハシゴを考え出すところまではいかない。ぜひとも上がってみたいという熱意があればこそ、その人の才能や知識が十分に活きてくるのです。なにをなすべきかが次々と考えが浮かんでくるのです。

最近の研究によれば、人間の一生で脳は、諸説さまざまですが、ほんの10パーセントも使われていないのだと言います。であるとすれば、その限りない潜在能力を引き出すのもまた、松下さんの言う「熱意」であると言えるのではないでしょうか。ですから、もし望んでいることがうまくいかないのならば、翻って、ほんとうの熱意を、「滾るような熱意」を、いま、自分は持っているのか、自問自答してみる必要があるかもしれません。

果たして、自分の熱意が本物であるかどうか。成功と失敗の分岐点は、そこに尽きるのだとさえ言っていいと思います。仕事を成功させたい、発展させたい、人生を成功させたいという「滾るような熱意」があれば、自ずと成功の知恵、成功の道が見つかるものである。松下さんを見ていると、つくづくとそう思いました。

「世間は誰ひとりとして、きみの成功を邪魔したりせんよ。出来ないというのは、外部の事情というよりも、自分自身に原因があるものなんや。外部のせいではない、理由は自分にあるんだということを、常に心しておく必要があるな」

松下さんは、誤解を恐れず言えば、能力を、あまり重視していなかった、と言っていいかもしれません。それほどに、人材を起用する時も、能力よりむしろ、その人に「熱意」があるかどうか、「滾るような熱意」、「正しい熱意」があるかどうかを判断の基準にしていたと思います。能力というのは、誰でもそう差があるものではない、という考え方でした。

「人を起用する時に、能力はだいたい60点ぐらいもあれば十分やね。あとはその人の情熱でいくらでも伸びる。しかし、能力はあるけれども熱意が不十分だということになれば、そういう人をいくら起用してもだめやったな。熱意があれば、事は必ず成功する。事業は必ず成功する。その人の人生は成功する。けど、尋常一様な熱意ではあかんで。きっとこの事業を発展させよう、事を成功させようという、体ごとの、正しい熱意でないとな」

好きでないと、成功はせんな

自分には熱意がある、しかし、その熱意は持続出来る正しいものなのか。あるいは、どうすれば持続出来るのか。成功するまでは苦労も多い。時間もかかる。だから、自分がやりたいと思うことを実行し続ける原動力を、しっかりと持ち続けることが必要でしょう。では、どうすれば、持ち続けることが出来るのでしょうか。それは特別のことではありません。むしろきわめて平凡で、「なんだ、そんなことか」と思われるようなことだということです。ひと言でいえば、「自分の仕事を心底、好きになる」ということです。

仕事だからやっているんだ、立場もあるし、命じられたからやっているんだ、ということでは、絶対に成功することは出来ないでしょう。仕事を進めていく過程では、周囲の人が見たら、「辛(つら)いだろうなあ、気の毒だ」と思うような場合が、しばしばあります。うまくいかない時は、仕事のことがいろいろと気になって、夜も眠れない。友人に「お前、そんなに苦しんで、いったいどうなっているんだ。大丈夫か」と言われるようなこともあるかもしれません。しかし、周囲の人たちから見れば、そのように感じることでも、仕事に取り組んでいる本人は、少しも苦痛ではない、むしろ、仕事のことを考え、取り組むことが、面白くて面白くてしょうがないんだ、と思う。そう、思えるかどうかです。

例えば、芸術家。絵を描くことが好きだから、画家になる。嫌いな人は、どれほど才能があり、勉強したとしても上手になれません。しかし、好きな人の中でも、優れた画家になれるのは、ごくわずかの人たちです。ましてや、好きでない人が秀でるということは、あり得ない。もし役者であれば、たとえ悪党の役でも、その役にほれこまなければ、いい悪党の役を演じることは出来ないと言われていますが、それは、まさにそういうことなのでしょう。

「事を成功させようと思えば、その仕事が好きでないと成功せんな。いろいろな知識が必要になってくる。しかしその知識は、好きであれば、どんどんと吸収出来るやろ。はたからも提供してくれるようになる。材料が集まってくる。けど好きでなかったら、目の前に落ちているものでも、それを拾おうとしない。拾おうとしないということは、気がつかないということや。成功しようと思う人なら、他人がすぐに捨てるものでも、ああ、これは役に立つと拾うくらいでないとあかんね」

漢の大帝国も建国以来二〇〇年近くたって、政治が乱れ、ついには、いったん滅亡して、国内は再び群雄割拠の様相を呈します。この時混乱を急速に鎮定し、漢の王室を再興したのが、ご存知の通り、光武帝という人です。

その光武帝は、軍事にももちろん優れていましたが、いわゆる「柔よく剛を制す」といった生き方で、内政において非常に見るべきものがあったということです。実に熱心で朝早くから日暮れまで政務に没頭し、さらに、夜半まで家臣たちと勉強や討論などをして時を過ごすことも、しばしばあったそうです。それで健康を気遣った皇太子が、ほどほどにするように諫めたところ、光武帝は「私は楽しんでやっているのだから、いくらやっても疲れることがない」と答えたということです。

「好きこそものの上手なれ」という諺は、まことに言い得て妙、その通りだと思います。ですから、ミュージシャンでも、スポーツ選手でも、音楽がまず好きだということ、スポーツがまず好きであることでなければ、一流選手にはなれません。仕事に取り組んで、一流の人材になろうと思うならば、その仕事が好きでなければ、あるいは、好きになることでなければならないでしょう。そのように、仕事に面白味を見出し、楽しく味わうということが出来るようになるならば、その人は必ず一流の人材に成長し、仕事において、大きな成功を収めることが出来ると思います。とは言え、たまたま、どうにも好きでない仕事に回されてしまった、取り組まなければならなくなった場合どうするか、と悩むこともあるでしょう。むしろ、好きではない仕事、取り組みたくない仕事をしなければならない可能性のほうがはるかに高いかもしれません。

そのことについては、私の経験から言って、本人の「願望」と「適所」は必ずしも一致しないことが多いということです。ですから、自分が嫌だと思っているところが、案外自分に適しているということもあるのです。ということは、放り出したり、逃げ出したりしてしまうのではなく、とりあえず、その仕事が自分に向いているんだと思って取り組んでみる。少なくとも三年間は、それが自分の天職だ、好きな仕事だ、これがいま、自分にとって一番いい仕事なのだと考え、思って、取り組んでみたらいかがかと思います。これは、好きな仕事なんだ、自分に適した仕事なんだと思い定めてみることです。とにかく、一度そう考える。そうすると、必ず成果が出てきます。

そして、世の中というのは不思議なもので、成果が出てくると、必ず「引き」が来ます。会社の中から、会社の外から、知人から、あるいは思いもかけないところから、「きみ、こちらの仕事をやってくれないか」、「あなたにぜひ、うちの会社に来て、あなたの本来の仕事をしてほしい」など、もともとやりたい仕事の方向が出てきたりすることがあるものです。世の中というのは、やはりそのような人を放っておかないものです。社会には、なにかそのような「発見力」というものがあるように思います。

「きみ、将来必ず重役になれる方法を教えてあげようか」と、松下さんが、笑いながら言ったことがありました。この話は、松下さんがほかのところでも話していますが、最初、私はきょとんとしていました。

「入社一日目に、会社から自分の家に帰ってきた時、家族にどう報告するかやで。要は、家に帰るやろ。当然、お父さん、お母さんに、きみ、報告と言うか、話をするわね。そこでや、どう話をするか。いや、今日、入社式に行ってきた。いろんな話を聞き、会社も見学してきた。感じたことは、とてもいい会社だということだ。そのように思うから、ここでおおいに仕事をしてみたいと。そういうことを言うことが出来るかどうかや。それが重役への第一の関門やね。そして、友だちに会った時にも親戚に会った時にも、同じように話をする。そうすれば、家族、友人、知人の頭に、その会社のいい印象が残って、それが人から人へと伝わり、会社の評判が高まる。そういういい会社なら、きっといい製品をつくっているだろう、きっといい商品を売っているだろう。それならその会社の製品を買おう、そのお店から商品を買おうということになるわね。会社が発展し、お店が繁盛する。そういうことになるな。発展、繁盛すれば、会社、お店が大きくなり、重役のポストの数も拡大する。当然、重役になる確率も大きくなると、まあ、そういうことや」

確かに一理あります。なるほどと合点しましたが、しかし、実際には、不平をもらす人は多く、そういう簡単なことをやらない人が多いと思います。もちろん、どのような会社、お店といっても完全完璧には、はるかに及びませんから、いろいろと改善改革すべきことがあるものです。しかし、そういうことは、内部で言う。社内で、言うべき人に直接進言する。しかし、一歩外に出れば、我が社、我が店を褒める。いい会社ですよ、いいお店ですよと言う。

松下さんの言いたいことは、そういうことです。批判するのは結構ですが、TPOを考えないと、自分で自分の立っている踏み台を壊していることになりかねません。会社、お店は縮小の一途を辿り、重役のポストも少なくなるばかりか、倒産してしまうこともあり得るということでしょう。ですから、外で自分の会社を、お店を評価するということ、そのような心構えで終始している人は、必ずどこの会社にあっても注目される。その人を部長、重役にしようとするでしょう。その人は、求めずして、重役の地位に就いていくことになります。

繰り返しますが、松下さんは、会社の批判、提案をいっさいしてはならないということではありません。言うべきこと、提案すべきことがあるなら社内で言いなさい。外部では、いい会社、いいお店と言いなさいということです。そこは確認しておきたいと思います。しかし、松下さんの「重役になる方法」は、長い間、私の頭の中に残りました。

そう、学校でも同じことが言えるでしょう。よく、「俺の大学は、ボロ大学」、「私の学校は、三流よ」などと冗談で話をする学生がいますが、そういう話を耳にした、優秀な高校生たちが、その大学に集まるか、行きたいと思うかということです。「そんなところなら、俺は行かない」、「そんな学校なら、私は行きたくない」と思うでしょう。そうすれば、受験してくる高校生は、優秀でない高校生ばかりということになる。そして、悪循環になります。ますます評価は下がり、ますます出来の悪い受験生が集まってくるというサイクル。会社もお店も学校も、同じことです。世の中というものは、そういうものです。そういう社員のひと言、学生のひと言が自分の立場を良くし、社員であれば、重役に限りなく近づくということです。「春風吹けば、桶屋が儲かる」のような松下さんの「重役になる方法」ですが、決して、理のない話ではないと思います。

さて、ここで、ひと言触れておきたいことがあります。それは最近の特徴として、そもそも好きなものが分からない、なにをやったらいいのか分からない、夢もないという若者たちが増えているということです。ある評論家が「この頃の若い人は、夢ない、欲ない、やる気ない、の三無時代」と指摘していましたが、的を射ていると思いました。しかし、好きなものが見つからないというのは、自分のことだけや、自分の周辺のことだけを考えているからではないでしょうか。それもこれも、いまの社会は、SNSやTVゲームで、自分ひとりの小さな世界をつくり、心理的に「タコツボ」的に閉じこもって、その日暮らしで過ごしていけるからかもしれません。

しかし人間は、他人との関係で生きている存在ですから、結局自分のことだけを考えている人には、夢が持てない、好きなことが生まれてこないのではないでしょうか。いま、若い人たちに望みたいことは、目をもう少し高く、広くして、世の中や世界のことを考えてみてほしいということです。日本にないのなら、アメリカ、ヨーロッパ、アジアまで含めて考えてみるべきです。そうすれば、やりたいことが見つかり、心躍るような夢も持てるようになるはずです。

地球規模で考える。国際社会の中での自分の立ち位置を考えてみる。そうすれば、目に留まるもの、心に留まるもの、夢や目標、生きがいも出てくるのではないでしょうか。夢を見つけるためには、自分を中心に考えるのではなく、社会を中心に考える、世の中を中心に考える、世界を中心に考える、場合によっては宇宙を中心に考える。その結果、夢が生まれてくるし、自分のやりたいことが生まれてくるのだと思います。あるいは自分がやらなければならないと感じることが、自然に生まれてくるでしょう。

第二の条

染(し)み入る感動

きみの声を聞きたかったんや

松下幸之助さんと一緒に仕事をした二三年間、特に中頃の一五年間は年間の休みが二〇日間ほどしかありませんでした。一カ月に二日休めるかどうかで、四カ月連続して休みがなかったこともありましたし、土曜、日曜、祝日もないということは普通でした。

年末は、たいてい大晦日の夜10時頃まで、西宮の家で仕事をしていました。そして、大晦日の夜、「この一年間、大変お世話になりました。また来年もよろしくお願いします」と挨拶をすると、「きみ、この一年間ご苦労さんやったな。けどな、明日はきみ、来んでええで」という会話が常でした。しかし、元日と二日を休むと、三日の夜には、呼び出し。その夜は、二人でお節料理を食べながら、雑談するというのが慣わしでした。

当時、多くの人から「大変だねえ」と言われましたし、いまでも、「そのような毎日でした」と話をすると、「すごいですね、大変だったでしょう」と驚かれます。ですが、当時、私は、苦しいとか、辛いといったことを、ぜんぜん感じたことはありませんでした。それどころか、いま振り返ってみても、実に楽しい二三年間だったと思います。というのは、松下さんと仕事をすると、感動、感動、感動、感動の連続、喜び、喜び、喜びの連続だったからです。

松下さんは、よく電話をかけてきました。朝となく、昼となく。ある時などは一日に八回かかってきたこともありました。こちらからも、折り返しの返事をしたりしましたから、あわせて一二、三回になったのではないでしょうか。その日、朝早く家を出てから夜遅くまで、一日中電話をし合っていたことになります。ほとんど毎日、直接会って話をしているにもかかわらず、それでもさらに電話がかかってきました。土曜も日曜も関係ありません。その電話で呼び出され、平日であれば、たいていの場合、夕方の6時半とか7時頃に参上して、いろいろ報告をし、指示をもらい、そして、雑談となります。

月に何回かは、夜中の1時半とか2時に電話がかかってきました。朝早い時には4時か5時頃に、「いまから来い」と言われて、あたふたとすることも度々ありました。なにせ、電車の始発前の時は、その始発を待って出かけたものです。いま、思い出しましたが、そう言えば、真冬の寒い時の早朝は、寒さで、駅のホームで震えていました。しかし、松下さんに対して、腹立たしい思い、不満は、まったく起きませんでした。それは、松下さんからの電話に喜びと感激を味わうことが出来たからだと思います。

私はだいたい、松下さんに呼び出されて、毎晩のように、10時、11時、時には0時を過ぎることもありましたから、家に帰るのはそれから1時間後。帰ればそのまま、ベッドに、そして、爆睡。しかし、直後の夜中の1時半、あるいは2時に松下さんから電話がかかってくる。ちょうど寝込みを襲われるようなものです。電話が鳴る、松下さんからだと思う。それはそうでしょう。そのような真夜中に電話をかけてくるのは、松下幸之助さんしかいないからです。

電話が鳴ったとたんに、私は瞬間、寝ぼけた声、頓珍漢な応答をしたくないと思いますから、わずか5秒か10秒の受話器を取るまでの間に、真っ暗闇の中で懸命に意識をしっかりさせようとします。おおげさに言えば、「自分自身との格闘」です。数秒で意識を全開させなければなりません。部屋の灯りも点けず、真っ暗闇の中で受話器を取る。松下さんの声が聞こえてくる。

「ああ、江口君か、わしやけどな。夜遅く電話をしてすまんな。けどな、わし、きみの声を聞きたかったんや。きみの声を聞いたら、わし、元気が出るんや」

「夜遅く」と言われても、真夜中。シーンと静まり返っていた暗闇の中。その中で、その声を聞くと、暗闇が一瞬、パッと明るくなる。真夜中の静寂に溶け込むような感動、温かな感動が胸に込み上げてきます。「きみの声を聞きたかったんや」という言葉のあと、時にはずいぶんと厳しいことを言われることもありましたが、すでに感動を覚えている私は、この人のためなら期待に応えよう、どんなことでも成し遂げようと思ったものでした。

人に感動を与えることが出来るならば、人はあなたのために動いてくれるようになるだろうと思います。あなたの周りに、たくさんの人たちが集まってくる。あなたが成功するように、協力してくれる。お客様は商品を買ってくださる。多くの人たちが、あなたのために動いてくれます。

そして、あなたが上司であれば、部下を感動させることによって、部下がついてきてくれます。なにより、部下を育てることにつながります。部下が、あなたのような上司になろう、人間になろうと努力するようになるからです。ですから、感動させることが出来ない上司、経営者には、上司、経営者たる資格がないと言えるかもしれませんし、なにより、部下を育てていくことは不可能であると思います。

人を感動させることが出来れば、成功への入り口は限りなく近くなるということは、覚えておいていいのではないでしょうか。

講演などで私が松下さんの、私への電話の話を紹介すると、これはいいことを聞いた、と言われる方々がいます。実際に部下に、「きみの声を聞きたかった」と言われたらいいと思います。しかし、たぶん、一回か二回だけ。何度もお使いにならないほうがいいかもしれません。松下さんのように、何度もお使いになるには、根本において、松下さんの人間観、人間に対する見方、考え方を血肉にする必要があると思います。

松下幸之助さんの人間観、人間に対する見方、考え方は、本書の最後で詳述したいと思いますが、要は、人間を、「誰でも偉大な存在」、「すべての人間は、宇宙の動きに順応しつつ、万物を支配する力を持った王者」と見るかどうか。あなたも王者、偉大な存在。彼も彼女も王者、偉大な存在。部下も、子どもも、いや、赤ん坊も王者、偉大な存在。そのような人間観を血肉にして持ち、徹することが出来るかどうか、ということです。

松下さんは、そのような「人間観」を、自身の「からだ」で認識し、血肉にし、人格としていました。その言葉が口先だけではない、その振る舞いが繕(つくろ)いだけではない、まさしく「純金の言葉」、「純金の振る舞い」だからこそ、たいていの人たちに「真の感動」を与えたのだと思います。

あなたが、松下さんのような「人間観」をお持ちであれば、自然に「きみの声を聞きたい」という言葉を口にすることが出来ると思います。でなければ、あなたの、その言葉の使用回数は、限られてくるでしょう。

衆知を集めない人はあかん

松下幸之助さんは、人によく、ものを訊ねていました。確かに、人の話を聞くと、ごく自然に知恵を集めることが出来ます。特に今日のように、たくさんの情報を集めながら、事業を、仕事を、事を進めなければならない時代には、多くの人から話を聞くということは、きわめて大切なことだと言えるのではないでしょうか。

松下さんのそばで仕事をするようになって、二、三年した時の夏でした。京都の私邸の部屋で松下さんと話をしていると、クーラー事業部から25歳くらいの若い技術者が、クーラーの点検に来ました。彼は、まさか部屋に、松下幸之助さんがいるとは思わなかったのでしょう。部屋に入ってきたとたん、硬直状態になったようでした。「かまわんで、あんた、点検してや」と松下さんは、優しくその青年に声を掛けました。しかし、緊張している彼は、もうネジを回すのも、手元が震えてドライバーがなかなかネジの頭の溝に入らないくらいでした。

そのような彼に、松下さんが「この頃、きみんとこの工場では、どんなものがつくられておるのかな」と声をかけはじめたのです。「名前はなんというんや」、「郷里はどこや」。そして、「事業部には何人くらいおるのか」、「仕事はしやすいのか」、「きみ、大変やろ。疲れへんか」。彼が作業を中断して、答えようとすると「かまへん、かまへん。しながらでいい」。作業をしながら、短い答えをしていました。

しかし、松下さんは、若い社員だからといって適当に聞き流していたわけではありませんでした。というのも、それから一カ月ぐらいした時、面白いことがあったのです。たまたまクーラー事業部の事業部長がやってきて、30分くらい報告をすることがあったのです。報告を聞いて「まあ、分かった。きみ、ご苦労さんやったな」。そして、「ところで……」と始まったのです。

「きみのところの工場、ラインのほうはどうかな」、「工場の環境を少し変えてもいいかもしれんな」、「こういうことに注意したらええな」……。事業部長は、自分が報告してもいないにもかかわらず、松下さんの話がなぜ的確に出てくるのかと感じたのでしょう。「はい、分かりました」、「すぐ対応します」と言いながら、身を固くしていました。終わって、私が、その事業部長を門まで見送ると、しきりに首をかしげ、「う～ん」と声にならない声を発している。

そして、「やっぱり松下幸之助という人は、神様だねぇ。私が報告していないのに、お見通しなんだよ」

松下さんの質問、助言が、くだんの若い社員の返事も参考にしながらであることが分かっていた私は、その時思わず心の中で、神様になるのは、意外に簡単なことなんだ、と愉快になったことを憶えています。

さて、そばで松下さんを見ていると、私はある一つのことに気がつきました。それは、松下さんに訊ねられた人が、松下さんに好意を持つということです。威張って知識を見せつけるよりも、心を開いて訊ねるほうが、実は、ずっと慕われ、敬意を表されるということです。しかも、自分が話を聞きたいのだという姿勢を見せれば、どんどん情報を持ってきてくれるのです。情報収集には、自ら足を運んで話を聞くということが大切ですが、じっとしていても、情報が集まってくるのなら、それに越したことはないと思います。松下さんは、どんな時でも感心して、人の話を聞いていました。「いい意見やなあ」、「その話は面白いなあ」、「きみの、その話はおおいに参考になるわ」という具合に、いつも感心しながら、おおいに褒めながら、身を乗り出して聞いていました。

ある青年が、松下さんのまとめた『私の夢・日本の夢　21世紀の日本』を読んで、いたく感動し、感想文を書いてきたことがありました。ぜひこれを日本の政治に実行すべきだ、ついては松下さんに訴えたいことがあるというのです。面白そうな青年だと思った私は、松下さんに報告して、一度会わせたことがあります。実は、私はよく内々(ないない)で、これはと思う人を、松下さんに会わせていました。彼もその一人ですが、その時の彼は熱意を込めて、このままでは日本はダメになると、額に汗しながら、話をしていました。青年の話の内容には、年長者の松下さんから見れば当然、若さゆえの先走りもあったでしょうし、言葉足らず、あるいは多少焦点がずれた話もしていたように思います。

しかし、松下さんは熱心に彼の話に耳を傾け、「あんた、若いんだから、頑張ってくれや」、「あんたみたいな若い人がいる限り、日本は大丈夫や」、「若い人たちがみな、あんたみたいだったらええね」としきりに褒める。彼は大変に感激して帰っていきました。

そう言えば、来客の方が、松下さんの質問攻めにあうケースも多かったと記憶しています。本来は松下さんに聞きたいことがあってやってきた人でも、タイミングを見て早く先に質問しないと、逆に松下さんの質問に、自分が説明役になってしまうというような光景をよく目にしたものでした。「私はこういう仕事をしているのですが」と挨拶すると、頷きながら松下さんが質問します。「それは、具体的に、どういう仕事ですか」、「どうやっておられるんですか」、「儲かりますか」という具合にどんどん訊ねる。一方的にしゃべらされて、あっという間に、予定の時間が過ぎているということがよくありました。それもまた不思議なことですが、来客の方も、「ご質問の中に、貴重な経営への示唆があった」とか、「教えられた」と満足して帰っていきました。

人間は、人に説明をしたり、お説教をしたり、講釈をしたり、ということが本質的に好きなようです。人は、ものを尋ねたり、分からないと言ったりすることを、引け目として感じたりしますが、分からないから教えてほしいと言われれば嬉しいし、あれこれ答えるのは、たいていの場合、楽しいものでしょう。それではだめですよ、人の話を聞きなさいよ、という教えで、「口は一つ、耳は二つ」という諺があります。そうであるとすれば、「分からないから教えてほしい」、「これについて、あなたの意見を聞かせてほしい」、「この情報を教えてほしい」と素直に訊ねるほうが、人情の機微を、より心得ているということになるのではないでしょうか。それゆえ、おいでになった方は、松下さんに教えてほしい、訊ねたいと思ってこられたのでしょうが、逆に、松下さんの質問に答える、あるいは、松下さんに情報を与えて、それで終わっても、おおいに満足して帰っていったのではないかと思います。

ものを訊ねるほうが慕われるというのは、知っておきたい真実だということです。人間の心の動きには、千変万化の複雑さの中にも、おおむね誰にも共通する、一般的な原則があるようです。誰でも褒められれば嬉しい。また、誰もが他人から認められたいと願っているし、自分の能力を発揮することには喜びを感じるものです。

松下さんは、たくさんの人にものを訊ねることを「衆知を集める」という言葉で表現していました。

「衆知を集めるということをしない人は、絶対にあかんね。小僧さんの言うことでも耳を傾ける社長もいるけど、小僧さんだからと耳を傾けない人もいる。けど、耳を傾けない社長はあかん。なんぼ会社が発展しておっても、きっと潰れる会社やね。どんなに賢い人でも、ひとりの知恵には限界があるんやからね。その限度ある知恵だけで、生きていこう、経営をしていこう、商売をしていこう、では、うまくいかんわけや」

なかなかいい人やったな

松下幸之助さんに、多くの人が好意を持ちましたが、むろん、すべての人から好意を持たれるということではありません。一〇〇人に一人、二人ぐらいは批判する人がいたと思いますし、松下さんを批判すること自体を面白がる評論家もいたと思います。しかし、そうした人たちの意見が、いかに理不尽であっても、松下さんは、ほとんど弁明したり、反論したり、論争を挑むということはありませんでした。それどころか、むしろ批判する人を招いて、さらに自分に批判されるべきところがあるだろうかと訊ねたりしていました。

例えば、新聞記者のOBの人は、松下さんが80歳を一つ二つ超えた頃から、しきりに、もう高齢なのだから現役の経営者から引退すべきだと、あちらこちらで執拗に言い回っていました。やがて、その批判が松下さんの耳に入った。それについて、松下さんが私に「きみはどう思うか」と聞く。そこで私は、老害という言葉がある。たしかに高齢になると一般的に頑固になり、新しいものへの対処が遅れがちになる。精神力も体力も衰えてくる。しかし、見たところずいぶん人によって差があるのも事実である。高齢でも気力溌剌として、次々に世の中のために新たな発想をし、行動を起こす人がいる。逆に、若い人の誰もが若いかと言えば、決してそうではない。気力もなく、意欲もない者もいる。人さまざまである。だから、老害とは肉体的なことよりも、精神的に若さを失ったかどうかが問題だ。気力なく意欲のない人は、たとえ青年であろうと老害である、と答えました。この考え方は、松下さんの日頃の考えでもありました。そして、「現役を退かれる必要はないと思います」と付け加えました。

その時は、「うん、うん」と時折、頷きながら松下さんは聞いてくれていましたが、数日すると、松下さんは、その人に連絡をし、会う約束をしたのです。私は、その場にいませんでしたが、その場にいた人に、松下さんが、どんな反論をし、どんな説明をしたのかと聞いてみました。すると「松下さん、引退すべき」という一方的な話を、松下さんは笑顔で、聞いていただけだったということでした。

その人の話を聞いて、私は松下さんが、なぜ説明をしなかったのか、なぜ反論しなかったのかと訝しく思ったものです。しかし、よく考えると、松下さんは、ほかの批判者に対しても、言い訳や説明は、ほとんどいっさいすることはありませんでしたから、その時も、いつもと同じだったと思います。

もう一つ、いま思い出したことを付け加えましょう。大徳寺に立花大亀（たちばなだいき）というご老師がいました。松下さんより五歳下の老師でしたが、長い付き合いの人でした。この老師も、松下さんがPHP活動をやっているのはけしからん。商売人は商売だけしておればいい、と批判し始めました。松下さんが、社長を辞めて、「これから、PHP活動に専念したい」と言った時から、批判が激しくなりました。その批判に加えて、尾びれ背びれをつけての話ですから、それを耳にした私のほうは、困ったなと思い、松下さんに、老師の話をしました。静かに聞いていた松下さんが、私の話が終わると、「あんたな、大亀さんに連絡してな、わしが、一緒に食事をしたいと言っていると頼んでくれんか」

その日、私は京都の松下さんの私邸の門でお待ちしていましたが、車を降りた老師は、黄色の衣を着て、大足で、厳しい顔で、おいでになりました。松下さんは、玄関で迎え、座敷に通すと、突然、老師が大きな声で、立っている松下さんの背中を叩いて、「あんたは、だいたい姿勢が悪い。背を伸ばさんかい」。私は、その大亀老師の大きな声と、背中を叩いた時の音に驚き、思わず大丈夫かと、松下さんの顔を見やると、松下さんは笑顔で、「そうですか。こう伸ばすんですな」と言いながら、背筋を伸ばしていました。

それから、座るや否や、食事が出る前から、老師の松下さんへのお説教が始まりました。「だいたいな、あんたは、商売人じゃ。なにをうろちょろしておる」というようなことを強く言い始め、それからは、もう罵倒寸前の話の内容。食事を食べながらでも続く。同じような内容も繰り返される。二人の間に座った私は、正直、気が気ではありませんでした。しかし、松下さんはと言えば、「そうでっか、そうでっか」、「そういうことも考えられますなあ」と聞いているだけでした。1時間ほどで食事も終わり、老師の話も終わると思ったところで、松下さんの発した言葉に耳を疑いました。

「いや、私は、あんまり賢くありませんからな。老師さんにいろいろ叱ってもらうと勉強になりますわ」。そして、大亀老師に、「もっと、私に問題があるんでしたら、言ってくれまへんか」。さすがの老師も、困った様子で、些細なことを付け加え、話をして、「まあまあ、いろいろ言ったけれど、そんなところでな、あんたも考えてくれたらええな」。そういうことで、二人の話は終わりました。それで、松下さんは玄関まで見送り、その先の門までは、私がお見送りしました。ところが、老師が私に意外なことを言ったのです。「いま、話しながら思ったけどな、松下くんのPHPの仕事は、面白いかもしれん」。思わず、振り返って老師の顔を見ましたが、その顔は、おいでになった時のような厳しい顔ではなく、穏やかな顔に変わっていました。

新聞記者OBの人も、立花大亀老師も、その後、ぷつりと松下幸之助批判を口にしなくなっただけでなく、とりわけ、老師は、それまでにもまして「松下幸之助讃歌」を歌ってくださるようになりました。

松下さんは批判に対する弁明が、新たな批判の誘因になることをよく知っていたと思います。批判する者は最初から批判しようと決めているのですから、いくら正しいことを懇切丁寧に弁明しようと、聞く耳を持っていない。ソクラテスの力量をもってしても、告発者のメレトス、アニュトス、リュコンなどのアテナイ人たちを説得することが出来なかったのは、ご承知の通りです。説明し弁明すればするほど、いよいよ批判は激しくなる。これが世間というものでしょう。

ですから、松下さんは、批判に対して弁明をすることはしなかった。そこまでであれば、同じことをしている人は、他にもいると思います。しかし、そういう人を、可能な限り呼んで、自分の批判をさせ、それに反論するだけでなく、「もっと言ってくれ」、「もっと教えてくれ」と、相手が、「もうありません」と感じるまでに、丁寧に聞いていく人はそう多くないのではないでしょうか。

もう少し考えを進めてみると、なぜ、松下さんが、批判者に対してそのように接したかということです。松下さんの常々語っていた「素直な心」という立場に立てば、次のように言えるかもしれません。批判に対する説明、弁明は、言い換えれば、その批判に捉われたことを意味しているということでしょう。そもそも、どのようなことでも、十分、考え抜いたうえで自分がやっていることとは言え、100パーセント正しいということはあり得ない。捉われない心、素直な心で受け止めれば、むしろ「そういう批判があるのなら、それを大切な意見として、さらに意欲的に行動していこう」ということになるのではないでしょうか。そう考えれば、批判も積極的に聞こうということになる。その時、批判は助言に変わる。感情的になることなく、素直に耳を傾けられるようになるのではないでしょうか。

そばで聞いていると、私のほうが「あなたはそうおっしゃるけれど、実際は違いますよ。あなたは松下さんを誤解している。事実をなにも知らないで、よくもそんなことが言えますね」と言いたくなることが多かったのですが、しかし、そのような批判に対しても、松下さんは、素直に、「なるほど、なるほど」とたいていは、頷いて聞いていました。自分を批判する者に対し、そこまで大事にした人は珍しいと思います。しかも、ただ単に話を聞いているだけではない。いかなる話をした人でも、その人が帰った後、これもまた必ずと言っていいほど、その人たちを褒めました。

「なかなかいい人やったな」、「若いのに、なかなかしっかりした人やったな」、「いい話を聞かせてくれた。ああいう先生がもっとたくさんいるとええのになあ」、「偉い先生やったな。立派な人やったな」

褒めるだけでなく、「いい意見が聞けた。ありがたかったな。あの人の言う通りや」と、たいていの場合、感謝の言葉を呟いていました。それも口先だけの口調ではなく、いつも、心から感じ入ったような様子でした。そのように言えるのも、松下幸之助さんが、その人たちの批判を素直な心で聞いていた証しと、言えるのではないでしょうか。松下さんを批判していた人たちが、私が門まで見送る間に、必ずと言っていいほど、「やっぱり松下さんは偉いねえ」と褒めていたことを、いまも印象深く思い出します。強烈な批判をしていたような人が、松下幸之助という人間に接することで感動し、その後は松下幸之助の味方に豹変してしまう。そういう光景を、私はずいぶん見てきました。

あんたなら、いくらで買うかな

なかなか松下幸之助さんのように、人を感動させられるものではありません。人はなぜ、感動してくれないのでしょうか。褒め方が足りないからでしょうか。あるいは熱意が足りないからでしょうか。こちらの地位がさほど高くないからでしょうか。

松下さんは、「褒める時に、相手の本質をどう評価しておるかということや。その人の本質をまったく評価しておらん、これはどうにもならん奴だと考えて、けど、褒めんといかんからということで、褒める。しかしこれでは、褒めるということにはならんわな。口先だけで褒めても、それはな、褒めたとは言えんな」と、よく言っていました。確かに、根底のところで、この人は馬鹿だと思いながら、口先だけで褒めたとしても、決して褒めるということにはならないということでしょう。人は相手の心の動きを敏感に感じとってしまうものです。嘘はすぐに見抜かれます。

松下さんは、いつも、この人は自分よりもいい面を持っている、相当な力を持っている人だ、とその人の本質を見つめて接していたと思います。それが、「無言の褒める」ということ。そして、そのような思い、考えに基づいて、言葉として発せられて、「有言の褒める」ということになるのです。

人間は、誰でも、大きな能力を持っている。見た限りでは、たいしたことはないと思われる人でも、実は、大変な実力を持っている。自分の聞き方、接し方が悪いから、その力が見えてこないのだ。そのように、人を見なければいけない。見抜けない自分を自覚しなければいけないということです。すごいなあ、自分にない能力を持っている。実力を持っている。いわば、「ダイヤモンド」を持っている。この人も、あの人も、自分にはない「ダイヤモンド」を持っている。部下に接しても、新入社員に接しても、子どもに接しても、誰に接しても、その「ダイヤモンド」を見つけることが出来るか。問題は、「ダイヤモンドがある」ということより、その「ダイヤモンドを見つける」能力があるかどうかということでしょう。

ところが私たちには、なかなかそれが出来ない。相手の持っている「ダイヤモンド」を見つける能力が不足しているから、褒めるということを、口先だけでやっている。それで、人が感動してくれないという。当たり前です。本質的に褒めていないにもかかわらず、相手の「ダイヤモンド」を見つけられないままに、口だけ、形式だけで、褒めても、人が動くわけがない、感動するわけがありません。

松下さんに感心したことは、肩書のある人、有名な人に対してだけでなく、例え自分の部下や新入社員に対しても、まったく同じように、心から評価し、丁寧に接していたことでした。

私が松下さんのもとで、仕事をし始めた頃のことでした。テレビ事業部の事業部長と担当役員が、テレビの試作品を持ってきたことがあります。技術屋さんも含め、総勢6名。技術担当責任者の部長が、いかにこの新製品が素晴しいか、いままでの製品とどこが違うか、いかに映りがいいかなどと、緊張しきって説明をしました。終わると担当役員が、「ええですやろう。私も自信がありますわ」と誇らしげに松下さんに語りかけました。「そやな、なかなかええやないか」と言って立ち上がり、その試作品のテレビを手で撫でながら、裏を見ながら、そして事業部長に、「で、これ、いくらで売るんや」。その問いを奪うかのように、担当役員が「18万円ですわ」。「定価で18万円か、お店で18万円やな」。松下さんは、やや首をかしげたところに、そこへちょうど、事務の女性社員がお茶を運んできました。すると、松下さんは、その女性社員に訊ね始めたのです。

「あんた、ちょっとこのテレビ、どう思う。形、どうや。色はどうや」、「チャンネル、これを回してみてくれや」。昭和40年代の初め頃は、まだチャンネルをカチャカチャと回している時代でした。しかし、松下さんが、一社員に意見感想を求めることに、その時、私は少なからず驚いたことを覚えています。試作品の検討といえば、重大なことでしょう。本職の技術屋さんが一生懸命説明したばかりなのに、それを、お茶を運んできた一女性社員に意見を求める。それだけではありませんでした。

「そうか、ええか。それなら、あんたが街の電器屋さんで、このテレビを買うとしたら、いくらだったら買うかな」。この問いには、私も驚きましたが、訊かれた彼女は、もう、どぎまぎ。どう答えていいのか。形とか、色とか、チャンネルなどは、「いいと思います」、「いいと思います」で済みますが、「いくらなら買うか」で「いいと思います」では答えにもなりません。答えにくそうにしている彼女に松下さんが優しく、「かまへんで、あんたの思った通りに言うてくれや」。彼女は小さな声で「12万円でしょうか」。「そうか、12万円なら、あんた、買う気になるか。そうか。いろいろ、いいことを教えてくれて、ありがとう」。女性社員は、ほっとした表情で部屋を出ていきました。そして、松下さんは担当役員に向かって、こう言いました。

「あんた、聞いたか。あんたたちが、一生懸命にいいテレビをつくってくれて、それを18万円で売ろうと思っている。わしもいいテレビだと思うけど、定価や、問題は。あんたたちは、これだけの部品、これだけの時間をかけたから、18万円の定価と言うが、それはあんたたちの計算した定価やわね。しかし、たとえそれが正しいとしても、あんたたちが全国のお店に張り付いて、その説明をするということは出来んわな。このテレビは、それぞれのお店で、黙っておかれるわけや。そうすると、お客さんは、18万円は高い。これは買えんな、となる。さっきの女の子の話、聞いたか。12万円と言っておったやろ。12万円なら、あんたたちがこのテレビのそばにおらんでも、お客さんは買うてくれる。そやからな。このテレビ。この性能、この形そのままで、12万円の定価でつくられるように、一から考えてみてくれや」

考えれば、そのテレビを買うのは、その技術者たちでもなければ、営業マンでもない。ごく普通の人たちです。であるとすれば、一女性社員に率直な意見を求めるのが、いちばん適切だということ。考えてみれば、当たり前ではある。しかし、普通、こういうことがごくごく自然に出来る経営者がいるだろうか。なにより、松下さんが、訊ねて、聞いて、そして女性社員を褒め、感謝していることです。緊張して出ていった女性社員は、きっと感激したことだろうと思います。

かくのごとくに、松下さんは、常に格式、権威、威厳などにはまったく関係なく、訊くべきは誰にでも訊き、訊ねるべきことは誰にでも訊ねました。ただただ純粋に率直な意見を聞く人でした。そういうことが自然に出来る人でした。

ところで、自分より下の立場の人を心から褒めるというのは、なかなか難しいものです。松下さんが、よく、「部下を褒める時は心から褒めんといかんね」と言っていましたが、実際、褒めれば、人は感動するものだなどという考えで、部下を口だけで褒めていると、部下もだんだんとこの上司は口だけで、ほんとうに自分を評価しているのではないということが分かってきます。ですから、部下は、初めはともかく、すぐに心底から喜ばないばかりか、その上司を信用しないようになったり、むしろ反抗的になったりする。逆効果になってしまいます。

要は、「褒める」根底に、人間の本質をどう見るか、人間をどう評価するか、そのような心があるかどうかということです。繰り返し申しますが、確たる人間観がないままに、人間としての絶対的価値を前提としないままに、褒める。それは、「褒めることではない」ということです。この、「人間観をどう持つか」ということは非常に重要なことです。ですから、この人間観、松下さんの人間観については、この後も何度か繰り返し述べることになると思います。

ここでは、人間の本質を無限に評価する人間観が、松下幸之助さんの人間観だということを心に留めておいていただければ幸いです。「松下幸之助の人間観」を完全に会得するならば、ほかのことは後から自然についてきます。そして、ここをないがしろにするならば、どれだけ優れたテクニックを身につけても、成功への道はきわめて困難なものになるだろうと思います。松下さんの褒めるということ。それは松下さんの人間観に裏付けされたものであるということは、言うまでもありません。

体調が悪いのは、お客様には関係ない

松下幸之助さんは、とにかく誠実というか、真面目というか、ものごと、手を抜くというようなことは、ほとんど感じられませんでした。もともと体の強くない松下さんは、少し寒くなると、よく風邪気味になりました。ある日、体温が36・4度前後。だいたい35・8度くらいが平熱でしたので、これはすでに微熱ということになります。そういうときに、たまたま大事なお客様と約束があり、どうしても接待をしなければならない。そばで見ていても非常に苦しそうなことがありました。

松下さんは、お客様との約束の1時間ほど前には、やって来て、その日の接待の仕方など、指示するのが常でしたが、当日も、にもかかわらず、1時間前に来て、指示をし始めました。しかし、どうにも体調が悪そうで、どことなく機嫌もよくない。辛いのだろうなと思った私は、「大丈夫ですか？　もうお帰りになったほうがよろしいのではないですか。今日は事情をお話

しますから、お帰りになって、お休みになってはいかがですか」と言ってみたりしましたが、松下さんは、「いや、まあ……、いまから相手さんに連絡を入れても、もう家を出てはるやろう……」などと言って、どうもはっきりしない様子でした。

そうこうしているうちに、予定通りお客様がおいでになった。ところが、「お客様がおいでになりました」と連絡が入ると、その瞬間から松下さんの雰囲気が一変。「迎えに出る」と言うのです。その姿は、この人がいままで、「熱があり、苦しそうで」というような雰囲気だった人と同一人物だろうかと、疑いたくなるくらい、にこにこして、お客様を迎えるのです。お客様と話をして、「じゃ、庭でも歩きましょうか」と庭に出て、案内を始める。さらに茶室でお抹茶を飲み、またサロンに戻って談笑をする。そうやって一時間半くらいの時間をかけてお客様をもてなすのです。

その間、松下さんは、ごくごく普通の表情で、にこにことして話をしている。やがてお客様がお帰りになる。そして、松下さんはいつものようにお見送りをしました。しかし、お客様の乗った車が見えなくなったとたんに、すっと空気が抜けるようになって、「しんどい。わし、帰るわ」と言ってすぐに帰っていきました。

後で聞いてみると、「お客様と約束をしてあるのだから、お客様にほんとうに満足してもらえるようにせんといかん。わしが身体の調子が悪いということは、相手にはなんも関係がないしね」

自分が約束をしたから、相手は来てくれているのであって、せっかく来てくれた以上は、中途半端なもてなし方をするのはよくないことだ、という話をしてくれたことがありました。

別の話ですが、会田雄次という、当時著名な京都大学の先生がいました。この先生は正論をピシッと言われる方で、その著作、コメントは多くの人たちから、大変関心を持たれ、常に注目されていました。なかなか褒めるということはされない、また、きわめて皮肉っぽい表現で評論をされる先生でした。松下幸之助さんとは、旧知の仲でしたが、松下さんにも、いっさい外交辞令的な話し方はしない。自分の主張を真っすぐに話す。そういう会田先生を松下さんは大変気に入り、ときたま会っては、意見を求め、先生の話を聞いていました。

ある時、松下さんが東京に向かうべく京都駅の新幹線ホームで立っていると、会田先生がやってこられました。二人とも、「やあ、やあ」ということで、挨拶を交わし、立ち話。「先生は、どちらまで?」、「私は、講演を頼まれていますので、名古屋です」などと会話しているうちに、乗るべき新幹線がきました。同じ新幹線でしたが、車両が違う。「それでは、失礼」ということで、会田先生は、別の車両に乗り込まれます。

名古屋駅に着いた時、先生がホームに降り立ち、出口の階段に向かって歩き始めると、ホームに松下さんが立っている。「うん？　松下さんも名古屋だったのか」と思いながら、近づいて、「松下さんも名古屋でしたか」と声をかけると、「いや、私は東京です。先生が名古屋で降りられるということでしたので、ご挨拶をと思い、ホームに出ておりました」。この松下さんの誠実さに、さすがの会田先生も「まいった！」と思い、改めて松下幸之助という人の、人間としての真面目さ、誠実さに恐れ入ったと、先生の著書の中に書かれていたと思います。

私は、松下さんが成功した理由を一つに限って挙げよと言われたら、それは「熱意」であると先に言いましたが、「熱意」をもとに、「誠実さ」と、そして、捉われず、こだわらず、偏らず、常に物事を見て考えて行動する「素直な心」の三つが揃えば、たいていの場合、人生において、経営において、「成功」するだろうと思います。

松下さんの振る舞いは、いつも「熱意」というものを頂点として、それを「誠実さ」と「素直な心」が下支えしていたように思います。言ってみれば、この三つが「成功へのトライアングル」であり、「熱意＋誠意＋素直な心＝成功」という方程式が、「成功の法則」であると思います。もっとも、実際には、どれがどうとは言えないほど、この三つは不可分のものです。しかし、強いて順番をつけるとすれば、やはり「熱意」が大事だということになってくる。熱意を持って行動していれば、「誠意」の大事なことが実感されてくる。誠実になればなるほど、ますます熱意が湧いてくるし、「素直な心」にならなければダメだと分かってくると思います。

そして、この三項目を挙げることは、一般的に語られている成功へのテクニックや、学問的、科学的な方程式に比べると、いささか平凡、かつ、なんの変哲もない項目に感じるかもしれません。しかし、成功というものは、目新しい理屈や理論、飾られた言葉や要因、頭の中で組み立てられた学説ではなく、実際には、きわめて凡々たる要因、実践的な項目によって、成し遂げられるものであることを、私は、松下幸之助という人から学んだように思います。

「能力」が必要という人もいる。しかし、能力の差など、たいしたことではない。俺は優秀で、彼は優秀でないと言ったところで、その差は、しれたもの。優秀でない人も、「熱意」と「誠意」と「素直な心」をしっかりと身につければ、すぐ優秀だと豪語する人を追い抜くことが出来ます。素直な心で熱意を持って誠実に取り組めば、能力というものは、自ずと引っ張り出すことが出来るものです。逆に、いくら優秀でも、「熱意」と「誠意」と「素直な心」がなければ、その優秀さは、瞬く間に色あせたものになるでしょう。優秀でないから、と落ち込む必要はありません。目標を立て、それに向かうための「熱意」と「誠意」と「素直な心」を持てば、必ず、優れた人材になり、優れた成功を収めることが出来ます。

「知識」や「情報」は、「熱意と誠意と素直な心」を持てば、驚くほど集まってくるでしょう。人は、熱意ある人に感心し、誠実な人に心惹かれ、素直な心を持つ人に協力を惜しみません。自然に知識を教えてくれます。自然に情報が集まってきます。自然に人々が集まり、よき協力をしてくれます。そして、気がつけば、大きな成功を手に入れていることに気がつきます。そういう成功が、ほんとうの成功であり、誰からも祝福される「成功」であると思います。熱意＋誠意＋素直。その三項目を胸に抱きながら、人生に、仕事に取り組んでみてはいかがでしょうか。必ずや、松下さんのように、自身で納得出来る「成功」を達成することが出来るでしょう。

わしは、もっと感謝報恩の念に徹しないといかん

「きみ、わしに、こんなにくれんでもええよ。わしはなんもしておらん。きみたちが一生懸命に力を合わせて成果を上げておるんやから。そうか、ありがたいことや。こうやってきみたちから手当をもらうことは」

松下幸之助さんは毎月、そう言いながら、ＰＨＰ総合研究所からのわずかばかりの給料を受け取ってくれていました。それは、当初、きわめてわずかな額でした。しかし、いつも松下さんは、私が手渡した給料袋を両手に挟んで撫でながら、申し訳なさそうな表情で、そのようなことを言うのです。

もちろん、「なにもしておらん」などということはありません。私の報告を丁寧に受け止めてくれ、常々細かい指示を出し、指導をしながら、そして、その指示指導に基づきながら、私

は、ＰＨＰ総合研究所を経営をしていたのです。松下さんの書いたベストセラーがなければ、その後の出版活動はスムーズに始められるはずもなかった。松下さんの的確な指示と助言がなければ、発展のヒントも、経営拡大の方途も見つけ得なかった。第一、私自身、松下さんの的確な助言、叱責がなければ、自信を持って経営を進めていくことは出来なかったのです。

資本金も、全額、松下幸之助さんの出資。ですから、松下さんが、申し訳なさそうな面持ち、思いを持つ必要はまったくなかったのです。松下さんが薄い給料袋を、そのように遠慮がちに受け取る様子に、私は限りなく申し訳ないという思いと、もっと十分な額を渡せる経営を実現しなければならないと、心に誓うことが常でした。私は、毎月の、そのような松下さんの言葉と態度に恐縮しながらも、松下さんの感謝の心が、ひしひしと感じられ、いつも感激したものでした。

松下さんは、松下電器の成功が自分の力、努力によるものであるとは、まったく考えていませんでした。「今日、会社が、一応、成功をし、世間様から高い評価をいただけるのは、いい人が、自分の周りに自然に集まってくれたからだ」と言うのが口ぐせでした。

「人は、松下さんは成功した、結構ですなと言うてくれる。なぜに成功したんですかと、よう訊ねられるけれども、どうして成功したのか、わしにも分からん（笑）。いい部下に恵まれたこと、贔屓（ひいき）にしてくださるお客様が、たくさん出来たこと。世間様が、好意的に見てくれたこと。そういうことやろうなあ。だから、今日のわしの成功は、部下とお客様と世間様のお陰やな。成功の理由はそれやな。ありがたいことや」

松下さんの、そのような感謝の思いは、自然と部下に伝わる。社員を感動させる。お客様、世間様が、ますます応援してくれる。そして、経営において成功する。そういうことになるのでしょうか。

昭和53（1978）年は、松下電器が創業して、ちょうど六〇周年となる年でした。毎年1月10日、経営方針発表会が大阪枚方（ひらかた）市にある松下電器の体育館で開かれました。その年、約一万人の幹部社員が出席する中で、式は粛々と進められていきました。そして、最後は、松下幸之助さんの話。その時の話は、いつもに比べて長いものではありませんでした。が、参加幹部たちが涙するほど感動的な光景になったのです。松下さんの話の結びは、次のような言葉でした。

「六〇年といいますと、個人でいうと還暦であって、また元へ返って、一からやり直すということです。六〇年前、三人から始めて今日の姿にまでなったのであります。今日、また、もういっぺん元へ返って、一〇万人から再出発するのであります。この次の六〇年には、私はおりませんでしょう。皆さんもおらんかも分からんけれども、とにかく発展したその巨大なる姿は、想像もつかんほどになると思うのです。そういう意味で私は、この六〇年間に、これだけの仕事をしてくださった皆さんに、心からお礼を申し上げたい」

そう言うと、松下さんは檀上を降りはじめた。もう話が終わったのかと皆が思ったのですが、松下さんは、壇上の途中で立ち止まると、会場の、一万人の社員に向かって深々と三度頭をさげたのです。一人の老創業者が、今日、この会社の発展あるは、ひとえに社員皆さんのお陰と、頭を下げたのです。その瞬間、会場は異常な雰囲気となり、参加者全員が立ち上がり、ある者は興奮して顔面紅潮し、またある者は流れ出る涙を拭おうともせず、拍手がいつまでも鳴りやみませんでした。ほぼ中央の、前から5列ほどの席にいた私は、松下幸之助さんの感謝の思いが、社員に、かくかような如くに伝わるのかと言葉も出ず、あたりを見回していたことを思い出します。

そういう松下さんでしたが、日頃から、自分は感謝の心が足りない、もっと多くの人たち、もっと多くのさまざまなことに感謝しなければならないと思っていたようでした。そのことを、私との雑談の折、よく口にしていましたが、会社の幹部を前にして、自分は、もっと素直になって、感謝の心を持たなければいけないと思っている。自分が素直になっていないと感じたならば、皆さん、どうぞ、指摘してください。私に言ってください、などと、これまた、よく話をしていました。

松下さんが83歳の時、幹部四〇〇名を集めての経営研究会でも、次のような話をしています。

「昨晩、もっともっと自分は感謝報恩の念に徹しないといかんと、そう思ったんや。これからは不平不満が出てきたら、感謝報恩に徹しよう、徹する努力をしよう。その努力を始める今日が第一日目であると。これからは、皆さんに会っても誰に会っても、感謝報恩の念で頭を下げようと思う。ぼくがそうでない時は皆さん、あきまへんと言って注意してください」

松下幸之助さんの成功の要因の一つは、感謝の心、感謝報恩の心であったと言えるのではないでしょうか。

「商売を始めた頃は、誰でもそうやけど、もう必死やからな。わしの経験でも、いっとう最初の製品が売れた時の感激は、言うに言えんほどのものやった。たくさんの注文が来たな。驚くほどの注文が殺到したんや。結果はそうではあったけれども、最初は分からんわね。売れるか売れへんか、どうやろうか。もう胸も高鳴るわね。そういう時に、よっしゃ、買うてあげようということで、初めてうちの商品が売れた。いまでもその時のことを思い出すと感激や。買うてくれたお客さんが店を出て行く、そのお客さんの後ろ姿に、思わず、わしは手を合わせたで。ほんまに。ありがとうございましたと、そのお客さんの姿が見えなくなっても、頭を繰り返し下げた」

松下さんだけではないと思います。商売を始めた人は誰でも、最初は皆、同じではないでしょうか。ところが、会社が大きくなると、そうはいかなくなるようです。明日はどうなるのかと一日一日心配していたのが、次第に最初の感激も薄れ、感謝の心というものを忘れていく。いつしか、お客様が自分のところの商品を買うのは、当たり前だと思うようになる。思うだけでなく、うちのような有名ブランドの商品を売ってやっている。口では「ありがとうございます」など丁寧に言っていますが、心の中では、お客様を見下している。まさに慇懃無礼な商売をするようになります。有名になればなるほど、大きくなればなるほど、長く続いていればいるほど、社長も社員、店員も、「無意識の傲慢」、「見せかけだけのお辞儀」、「口先だけの丁寧」になりがちです。

社員教育、店員教育でも、お辞儀の形、言葉遣い、笑顔のつくり方だけしか教えない。腰を45度に曲げなさい。言葉は丁重、丁寧にしなさい。鏡を見て、自分の笑顔をつくりなさい。子どもと話をする時には、腰を下ろして、同じ目線で話をしなさい。しかし、感謝の心、報恩の気持ちを教えない。お辞儀の仕方、言葉遣い、笑顔の前に「感謝の心」、「報恩の心」を教えなければなりません。なにより、社長が、幹部が、松下幸之助さんのように、「して見せる」ということをしなければ、経営の成功はおぼつかないと断言出来るように思います。

しかし、感謝の心を忘れた経営者、感謝の気持ちを考えない社員、店員ということでは、知らず知らずのうちに、会社は、お店は、まさに「茹でガエル」のように、ゆっくりと衰退、やがて「会社の最期」を迎えることになる。感謝を忘れた会社、感謝を口先だけで言う会社、感謝のないお店から、お客様は潮が引くように離れていくでしょう。「感謝の心」を持たない、口先だけの会社、お店、経営者、社員、店員を見て、感動する人は、お客様は、一人もいないはずです。

反省する人はきっと成功するな

「誰でもそうやけど、反省する人はきっと成功するな。ほんとうに正しく反省する。そうすると次になにをすべきか、なにをしたらいいかんか、ということがきちんと分かるからな。それで成長していくわけや、人間として。けど、反省せんと、そういうことが分からへんからな。同じことをするわけや。間違いを繰り返すということやな」

松下幸之助さんは、一日の終わり、布団に入って、しばらくは、その日の反省に当てよと、よく言っていました。松下さん自身、その日あったことを思い巡らし、あれは、こうすればよかった、あれは、ああいうことでうまくいった、など考えながら、よくなかったことは、次はこうしよう、こうすれば、うまくいくかもしれないと考え、うまくいったことは、次にはもっとよくするためには、どうすればいいか、こういうやり方でやれば、さらにうまくいくかもしれない、などと振り返っていたようです。

ある時、雑談していると、「きみ、夜、寝床に入ったら、すぐ眠るんか」と訊ねてきました。もちろん、毎日、休みもなく、夜遅くまで仕事をしていましたので、布団の中に入れば、すぐに前後不覚になるのはごく自然だと思います。「ええ、すぐ眠ってしまいます」と、答えました。すぐ眠れることが、若さの証明、健康の証拠と、日頃から他人に自慢していましたから、そのように即答すると、意外な言葉が松下さんから発せられました。

「きみ、それもいいけどな、寝床に入ったら、1時間は眠らずに、その日、あったことを振り返り、反省せんといかんな」と言う。「それはいい」と言ってくれるだろうと思っていた私には、意外。少々呆気の感じ。ただ、「ああ、そうですか、そういうことですか」と、心ならずの相槌を打ったことを思い出します。とは言え、なるほど、そうかもしれないと思い、それから数回心掛けましたが、どうも、反省しようとする気持ちが弱かったのか、若い頃の私は、試みても試みても、5分も持たず、寝入ってしまい、反省どころか、すぐに夢の中を漂う始末でした。さすが、この歳になると、この頃は、寝床に入ると、しばらく、今日一日の出来事に思いを巡らすことが出来るようになりましたが、正直、遅きに失していると思わざるを得ません。今頃になって、「反省」する、今日一日を振り返ることの大切さを感じ、松下さんの言葉を、しみじみと思い浮かべています。

ところで、松下さんの言う、「反省」について触れておきたいと思います。松下さんの反省とは、「よくないこと」を思い起こし、自分の失敗の対策、あるいは心改める、あるいは悔やむことばかりを言うのではありません。よくないことはもちろんのこと、「よいこと」も振り返り、よかった、あれでいい結果が出た、と思い振り返りながら、それだけにとどまらず、よかったことを、さらによくする方法はなかったか、もっとよい結果を出す方法はなかったか。要は、よい結果に満足するだけではなく、次の、さらなるよい方法、対応、態度を考える、思うということも、「反省」だということです。いわば、「次を考えること」が反省ということ。それが松下さんの言う、「反省」ということです。

なにをしても反省せず、振り返り確認することもなく、あれはよかったのか、悪かったのかということを思い振り返り、確認しないということでは、せっかくの体験が生きた体験にはなりません。一日を確かめる。振り返る。それによって、体験が生きるのです。知識ではない、「体験から生まれた知恵」になるのです。松下さんの言う「反省」は、文字通り、「反て、顧みること」ということでしょう。「反」とは、「振り返る」ということ、「省」は「よく見る」ということのようです。

『論語』に「吾日三省吾身」という言葉があります。ここから「三省堂」という書店名が出たということはご承知でしょう。それはともかく、「吾、日に三つのわが身を省みる。人の為に謀りて忠ならざるか。朋友と交わりて信ならざるか。伝えられて習わざるか」の孔子の高弟、曽子の言葉は、あまりにも有名です。ここでは人、友人、勉強という三つに絞られていますが、「反省」は、これに限られることではありません。松下さんの言うように、「一日を振り返り、その一日にあったことを思い起こし、正すべきものは正し、伸ばすべきものは伸ばす、そして、それぞれの正し方、伸ばし方を考える」べきでしょう。

とにかく、一つの出来事に考えを巡らし、自分の大切な蓄積としていかなければ、同じことを繰り返してしまいます。そこには、成長も向上も生まれません。なにより、同じ間違いを繰り返すことが出来るほど、私たちの人生は長くないことは、知っておいたほうがいいでしょう。

愚かなことは、間違ったことをすることではありません。愚かなことは、同じ間違いを繰り返すということです。また、たとえ、うまくいったことも、同じことを繰り返していけば、さらなる大きな成功も得られないばかりか、逆に、その成功が、自己破滅の道を歩み始め、失敗の原因と化してしまうということは、よくあることです。反省してみて、いいことを覚えておいて、さらによくする工夫をして、次もやってみたらいい。好ましくないことは、次には改善してやってみたらいい。そこに、人間としての知恵が生まれてくるのです。人間の成長というものがあるのです。そのことは覚えておいていいことではないでしょうか。

一日を顧みることは誰にでも出来る。まことに平凡なことと言えるでしょう。けれども、毎日、一日も欠かさずということは、なかなか難しいことは、実感しています。しかし、その難しさを克服して、積み重ねていこう。いまも松下さんの言葉を思い出しながら、自戒しながら、「反省」を繰り返しています。

「反省」とは、また別な言葉で言えば、その日一日の自分に対しての「ねぎらい」であると言えるかもしれません。あれはよかった。よく頑張った。あれは、よくなかった。次は頑張ろう。反省する時間は、自分に対する「ねぎらいの時間」でもあります。そう考えれば、ゆったりとした心持ちで、一日を振り返ることが出来ると思います。「反省して、次を考える。次を考えて、実践し、また反省して、次を考える」。松下幸之助さんという人は、「反省」し、「反省」し、反省を繰り返しながら、成長、向上していったのではないでしょうか。

さらに、反省するところからは、自ずと「感謝報恩の念」も湧いてきます。「ああ、あれがうまくいったのも、あの人が力を貸してくれたからだった」、「その時は気づかなかったけれど、そう言えば、あの人があの時、手を貸してくれていなかったら、うまくいかなかった。有難い」と感謝の思いがふつふつと湧いてくるでしょう。「あのひと言で、事がうまくいった。有難かったな」と思う。あるいは、「うまくいかなかったけれど、この程度で済んだのは、あの人の力添えがあったからだ。そうだ、あの人に、明日、お礼を言おう」

ですから、反省をすれば、おのずと、そういう感謝の思いも湧いてくるものです。感謝の念を持てば、また多くの人が助けてくれるものです。多くの人が協力してくれるものです。成功への道が開けてくるものです。お互い、反省したり、感謝報恩の念を持ったりということを、日々のこととして心掛けたいものです。反省は、ですから、成功への道であるということを覚えておきたいものです。「熱意と誠意と素直な心」という成功の三原則を、より強固、永続化するもの、それが「反省」なのです。

要は、寝る前の1時間の反省が、人生の、あるいは経営の、仕事の、成功につながるということです。そうです。「反省は成功の基であり、成功の母」でもあるということを、お互いしっかりと知っておきたい。自戒の念を込めて記しておきたいと思います。

まだまだ、いろんな仕事をやろうと思ってるんや

前述の通り、私は、たいてい、毎日、松下幸之助さんと会って話をしていました。土曜日は休日。家で寝ていると、朝、電話が直接かかってくる。「いまから、来てくれないか」という指示です。出かけていき、話をして、そのまま夜遅く、だいたい夜10時頃ですが、私が帰る時、松下さんが、「明日も来てくれるか」と言います。平日も、夕方5時頃になると電話が入り、「いまから来い」と言う。バタバタとその日の仕事の後始末をして出かけていくのですが、仕事の話やら、松下さんの指示やらを聞き、聞き終わると、雑談をしていましたので、帰るのは、たいて夜11時過ぎ。深夜になることも度々でした。

おおよそ、夜7時ぐらいに松下さんのところに着く。食事の準備をして待ってくれていますから、一緒に食事をして、会社のこと、仕事のこと、政治のことなど、いつも通りに、さまざ

まな雑談をします。9時頃になると、松下さんが「ベッドで横になる」と決まって言います。それは、NHKの「ニュースセンター9時」(当時)を観るためです。そこで、「じゃ、私はこれで失礼します」と言うのですが、松下さんは、「きみ、なにか用事があるんか?」と訊く。夜の9時から予定も用事もあるわけもありません。「別にありませんけれど、遅くなってもご迷惑かと……」と答えると、「いや、わしゃ、かまへんで」。そう言われると、帰ることも出来ません。「そうですか。よろしいですか」と言いつつ、私はベッドの横の、背もたれのない小さな丸椅子に座る。

この時間になると、松下さんとの話は完全に雑談になっています。二人でテレビを観ながら、「この人の言っていることは、もっともやな」とか、「この政治家はいつも批判ばかりしてるけど、自分の考えはなんやろうか」、「このままでは日本はダメになるなあ」などなど。ニュース番組のほかに、時に娯楽番組やスポーツ番組も観たりしました。「このタレントは誰や」とか、ボクシングで、「これはどこの選手や」とか。たわいない話をしながら、笑いあったりしていました。

10時過ぎになる。そこで、私が、「遅くまで、すみません。そろそろこれで」と言うと、「まだ、いいやろ」と言われる。10時半とか11時になると、なんとか話の区切りを見つけて、「じゃ、もう遅くなりましたから、これで失礼します」と言いますと、今度は「そうか。きみ、帰るか。

ご苦労さんやったな」と、こういうことになるのです。朝8時から一日中、PHP総合研究所の経営を、仕事をして、それからまた、この時間までということですから、我ながら、確かにご苦労さんであると思いました。

私の歳は松下さんの半分ぐらい（ほぼ46歳差）で、いわば孫みたいなものです。ですから、私が帰るくらいのことなら、松下さんはベッドに横になったままでいい。それにほとんど毎日のこと、毎夜のことです。ところが、毎回、横になっている松下さんが身を起こす。起こすだけでなく、スリッパをはいて、私を見送るのです。私は、「起き上がっていただかなくて結構です。そのままで、どうぞ、そのままで」と言うのですが、「いや、かまへんで。遅くまで、ご苦労さんやったな」。私はすっかり恐縮をして、「もういいです、ありがとうございます、もういいです」と言うのですが、すでに80歳を超えている松下さんが、ベッドから降りて、部屋の出口まで私を見送ってくれるのです。松下さんから見れば、私は丁稚のような、ヒヨコのようなもの。いや、横綱と褌（ふんどし）担ぎの差。ベッドに横たわったまま、「ご苦労さん」が普通でしょう。しかし、松下さんは、きちんと見送ってくれました。私はほんとうに恐縮し、それ以上に感激するのが常でした。

つい先ほどまで、時間が気になっていた気持ちもパッと消えて、疲れも吹き飛んでしまいます。しかし、私の感激は、それだけでは終わらないのです。ベッドから降りた松下さんは、部屋の出口までのおおよそ5メートルほどの距離を一緒に歩きながら、いつも、「きみ、身体に十分、気いつけや」と優しい声をかけてくれるのです。そして、「わしはな、160歳まで生きるつもりやからな。その間、ずいぶんといろんな仕事をやろうと思っているんや。けどな、それを、きみに手伝ってもらおうと思ってる。きみに手伝ってもらわんと、出来へんことばかりや。だからな、わしより早く逝ったらあかんで。からだ、気ぃつけや」。

一日の仕事の疲れは、その松下さんの言葉に感激するとともに、いっぺんに吹き飛んでしまったものです。いつもながらの言葉ですが、そう言ってもらえたら、先ほどまでの疲れまで忘れて、すっかり気分爽快になってしまうのです。よし、また明日も頑張ろうと思ったことを、いまでも、しみじみと思い出します。こういう日々のちょっとした言葉にも、温かさを感じさせる人でした。

能力は60点でいい

「能力」は成功のために、いったいどれだけ必要なのでしょうか。優秀な人材でなければ、権限を委譲出来ない、という考え方もあるかもしれません。しかし、極小企業からスタートした松下幸之助さんは、当然、優秀な人材に恵まれていたとは言えなかったと思います。大阪の片隅の町工場。優秀な人材が大挙して集まってくるはずもありません。集まってくる人たちは、四流、五流、せいぜい三流の人材だったのではないでしょうか。にもかかわらず、そのような人たちに、どんどん権限を委譲して、仕事を任せていったのです。

「60点の能力があれば、その人にどんどん仕事を任せたらいい」というのが、松下さんの人材観。能力は60点でいい。大事なことは、熱意。その熱意があれば、それでいい。もちろん、100点の能力があれば望ましいが、そのような人は、そもそもいない。60点あれば、実際に、熱意を持って、その仕事に取り組めば、たいていの人は成長する。それは、やらせてみなければ分からない。ならば、思い切って任せよう。熱意は、よほどでなければ、変わらないが、能力はその人の熱意次第で、大きく伸ばすことが出来る。

「熱意のない人の能力は増すことはないが、熱意のある人の能力は、その熱意に比例して増していく」。それが、松下さんの「人材観」でした。ですから、他社の経営者から見れば、無謀と思えるほど、社員に、部下に、どんどんと大事な仕事を任せました。松下さんが、病弱だったから、そうせざるを得なかったんだという人もいますが、そうだとしても、ずいぶんと大胆な「部下の活用」をしたものだと思います。ところが、その「部下の活用」が、おおいに成功しました。成功したと言っても100パーセント、成功したわけではなかったようで、直接、確認したことがありますが、六人の人がいたとすれば、三人はうまくいって、二人はそそこ、あとの一人は失敗する、という結果であったようです。しかし、六人のうち三人、すなわち半分がうまくいったとすれば、松下さんの「部下の活用」は大成功だったと言えるのではないでしょうか。

重ねて言えば、「60点の能力と、そしてなによりも熱意」。これがセットになっていれば、どんどん権限を委譲して、責任を持たせて仕事をやらせる。そうすれば、「立場が人を育てるこいうことです。

とになる」ということでしょう。「60点の能力と滾る熱意」が、権限を委譲する時の目安だということです。

閑話休題。この松下さんの「60」という目安は、人材活用の時だけではなく、なにごとにおいても、目安であったように思います。例えば、なにか事を始めようとする時、成功するのか、失敗するのか、不安がよぎるものです。さまざまな判断が先に立つ。しかし、神ならぬ身、先の先まで見通して100パーセント正しい判断をし、100パーセントの成果を出すことなど、実際は出来るものではありません。ですから、松下さんは、60パーセントの見通しと確信が出来たならば、その判断はおおむね妥当とみて、事に取り組むべきとも言っていました。

「お互い人間としては、見通せるとしても、せいぜいが60パーセントというところ。そのあとは、その人の熱意と、勇気と実行力や。それが確認出来たら、敢然と実行するべきやな」

どうやら、なにごとにおいても、松下幸之助さんは「60」という数字を目安にしていたように思われます。確実に100パーセントの成功など、予測することが出来るわけがない。むしろ、100パーセント大丈夫だということで、安心感から失敗することが多い。60パーセントの可能性のほうが、人は、一生懸命になる。熱意も１００、勇気も１００、実行力も１００を出そうと一生懸命になる。それによって、60パーセントの可能性が、１００パーセントの成功実現につながる。そういう考えが、松下幸之助さんの経験的、体験的、実際的、実感的だったのだと思います。

汗の中から知恵を出せ

成功するには、熱意を持って、努力をすることです。「念ずれば、花ひらく」という言葉がありますが、念じていただけでは、花は咲きません。水をやり、虫がつかないように手入れをする。その努力の結果、大輪の花を咲かせることが出来るのです。努力もせずに、祈るだけで一攫千金、濡手に粟というようなぼろ儲け、宝くじ的確率に己の人生を賭けてはいけません。毎日、些細と思われることも、心を込めて取り組んでいく、その努力を積み重ねていくことが基本であり、大事なことです。汗を流す。迷うことなく、それを先行させる覚悟が必要です。

以前、ある経済誌に、某プレハブメーカーの社長の記事が載りました。その内容は忘れましたが、その社長の写真に、「知恵ある者は知恵を出せ、知恵無き者は汗を出せ、それも出来ない者は去れ」という言葉が書かれた額が写っていました。その書に私は、なるほどと思いました。そこで、松下さんにそのことを話しますと、一瞬、間をおいて、「あかんな、その会社、潰れるわ」と言うのです。私は、ビックリして、「えっ？」と声を発しました。

「わしならな、『まず汗を出せ、汗の中から知恵を出せ、それが出来ない者は去れ』と、こう言うな。ほんとうの知恵は汗の中から生まれてくるもんや。だから、まず、汗を出さんといかん。まず汗を出しなさい。ほんとうの知恵は、その汗の中から生まれてくるものですよ、そういうことが出来ん者は去れ、ということやな」

なるほど、と私はいたく感心しましたが、それはともかく、「その会社、潰れるわ」はいくらなんでも、と思っていましたが、実際、その会社が数年すると、ほんとうに潰れてしまった時には、内心、仰天したことを覚えています。確かに、知識は知識です。汗に揉まれず、汗の中から出ていない知識は、実際と乖離し、遊離しています。過去の数字や知識を駆使している学者や専門家の話、講演、意見を聴いている時、私たちは、どことなく机上の空論だと感じることがあるのは、そういうことだろうと思います。

ですから、まず汗を流し努力することを、自覚し、社員にも、勧めなければいけないのに、最初に知恵を出せと言ってしまっては、社員は机の前に座って、とにかく知恵を出そうとする。現場にも出かけず、現場で働いている人と一緒に働くこともせず、ただただアイディアを出そうとするでしょう。しかし、そのような知恵は、ほんとうの知恵とは言い得ないのです。少なくとも松下さんは、そういう現場遊離、汗を知らない知恵を知恵とは考えませんでした。汗にまみれ、その汗の中から出てきた知恵を、「本物」と捉えていました。

「塩の辛さ、砂糖の甘さというものは、何十回、何百回教えられても、ほんとうには分からんやろ。舐めてみて、初めて分かるもんや」と松下さんは、よく言っていました。

比較的うまくいっている会社の社長に会った時、話していても、さほど能力の優れた人だとは思わないことがあります。しかし、その会社の経営はとてもうまくいっている。それに反して、見るからに頭のいい人で、言うことも筋が通っているなと感じる人が社長になっているのに、あまりうまくいっていない会社もたくさんあります。多くの人たちも経験、実感していることでしょう。松下さんは、長く商売をする間に、自分の取引先でそのような例をたくさん見てきました。ある講演で、次のように話したことがあります。

「うまくいく会社の社長は、そう頭のいいことはなくても、どこかで経営のコツをつかんでいます。一見、うかがいしれないものを内に持っていると思います。その持っているものは、なにかと言いますと、塩の味を知っているということです。塩の味はどんなものかという講義は受けておらないけれど、日々味わっているから、塩の味というものはよく分かっている。そういう人だろうと思います」

汗を流し、涙を流し、努力に努力を重ねるうちに、本物の知恵が湧いてくる。身についてくる。努力をし、汗の中から生まれた知恵は本物である。塩を舐めた者しか塩の辛さは分からない。塩を舐めた、本物の知恵だから、人を説得することが出来る。動かすことが出来る。感動させることが出来る。そして、迷わずに、とにかく努力をすることであるというのが、松下さんの言いたかったことでしょう。

「きみ、奥義を極めた先生から三年間、水泳に関する講義を受けたとしても、すぐに泳ぐことは出来んやろ。やはり泳ぐには、水に浸って、水を飲んで苦しむという過程を経ることが必要やな。そのあとに、ようやく講義が役に立ってくる。そういうもんやで」

経営はもともと成功するようになっている

人は誰でも成功するようになっている。仕事であれ、経営であれ、人生であれ、あらゆるものは、もともと必ず成功するようになっている。そのように、松下幸之助さんは、考えていました。そして、常々、話していました。そのような考えは、松下さんの体験と、次のような考え方を重ね合わせるところから導かれていたと思います。

松下さんの歴史を見るスパン（長さ）は非常に長い。イギリスの歴史学者アーノルド・トインビーは、人間が誕生して以来の歴史を考察しましたが、松下さんは人間の誕生からさらに遡（さかのぼ）り、宇宙の誕生以来というスパンで歴史を考えていました。

するとそこに、宇宙万物は生成発展しているという、松下さんなりの理法を発見したのです。日常的な言葉で言えば、要するに、あらゆるものは発展しているということです。この宇宙は、質点0、質量無限大の原始的原子が、約一三七億年前に大爆発（ビッグバン　Big Bang）して誕生したという仮説があります。その仮説に従えば、その後、約九〇億年経って地球が誕生したことになります。そして、最初、火の玉だった地球が、約四六億年の年月を経て、変化し、今の緑の地球になったということになります。そこに、地球としても発展があると、松下さんは考えたのです。

さらに、約六〇〇万年前に誕生したとされる人間も、はじめは、裸で歩き回っていましたが、やがて、服をまとい、寒さをしのぎ、獲物を採って食し、農耕を始め、文化・文明を築いて、今日の人間になっています。その過程を見れば、やはり、そこに発展があると考えるのは、自ずと納得のいく考え方ではないでしょうか。その実際を考察すれば、宇宙には生成発展する法則が働いている。そのような自然の法則が働いていなければ、宇宙の変化、地球の変化、人間の変化もない。しかも、その変化が発展という姿をとるはずもない。

すなわち、宇宙には、そのような、生成発展するという、一つの法則、自然の理法というものが働いていると考えられるのではないか。だから、その理法が、宇宙に働いているということならば、人間にも働いていることになる。それゆえに、誰でもが発展する、成功するような存在として、生まれてきているはずである。そのように松下さんは考えたのです。

それでは、多くの人たちが幸せになれない、多くの人たちが成功出来ないのは、なぜでしょうか。松下さんは、次のように説明しています。

「人間は、もともと幸せになるようになっている。経営は、もともと成功するようになっている。それが、幸せになれない、成功しないのは、人々が、また経営者が、生成発展するという自然の理法を認識せず、したがって、その理法に則って日々を過ごさず、仕事を進めないからである。春が来て、夏が来て、秋が来て、冬が来るように、また、日は東から昇り、西に沈むように、やるべきことをやる、なすべからざることはやらない。そうしたことをキチッとやっていれば、人生は、経営は、必ず幸せになり、成功するものである」

しかし、いくら生成発展する法則、本質を持っていても、その生成発展という自然の理法に沿う努力をしなければ、幸せになるものではない、あるいは成功するものではありません。すなわち、自分の思い通りにいかない、幸せになれない、成功しないというのは、自分に捉われていたり、なすべきことをしない、あるいは私利私欲に捉われるなど、およそ生成発展という自然の理法とかけ離れてしまっているからということです。

それではどうすれば、自然の理法に則ることが出来るのでしょうか。松下さんは、それは「素直な心になること」であるというのです。仏師で有名な、いまは亡き松久宗琳師がテレビに出た時の話です。インタビュアが、「仏さまを彫る」という言葉を使った時、師は「いや、私は彫っていません」と答えました。インタビュアは怪訝そうに、「えっ？　そうですか」というと、宗琳師は、「木の中に、仏さまがおいでになるのです。ですから、私は、もともと木の中にいらっしゃる仏さまの、その周りの埃を、鑿（のみ）という道具を使って取り払っているだけで、彫っているのではないのです」。

その言葉を借りれば、人間というものも、もともとその人生は成功するようになっている、経営は成功するようになっているにもかかわらず、やはり塵芥（ちりあくた）がついている。私心、我欲が、固執・執着が身の回りにへばりついている。ですから、「素直な心という鑿」によって、それらを取り払っていく。取り払っていけば、自然に幸せになり、成功していくということになります。

むろん、誰もが、「最高」の幸せになれる、どこの会社も、「世界的企業」になれるとまでは、私は思いませんが、しかし、人間は誰でも、その人なりの幸せ、その会社なりの成功は、必ず得られるようになっている。それは確かであり、松下さんの考えるように、そう考えるべきではないかと思います。それを、周囲に捉われたり、時代に捉われたり、私に捉われたりすると、持って生まれた自分の幸せなり、成功を見出せないままに、自分の生涯を終えてしまう、会社は衰滅することになるのではないでしょうか。

「いいものを、安く、たくさん」という、松下さんの、いわゆる「水道哲学」も、生成発展するという自然の理法というものでしょう。いいものを生産し、多くの人たちに満足されるような安価で販売すれば、商売は必ず繁盛する。これが商売における自然の理法と言えるかもしれません。人情の機微に即した経営なり、商売のやり方をすれば、お客様が大勢やってきてくれます。実際に、某衣料品会社は、このような考えで、世界を席巻しています。自然の理法に則って、ごくごく当たり前のことを、きちんと実行すれば、人生も経営も、必ず成功するようになっているという証明でしょう。

「経営というものは、原則として必ず発展し続けるもんやで。よく景気が悪いからどうもうまくいきませんという人がおるけど、本来ならば、そういうことはないわけや。自然の理法に従ってやっておれば、決して商売が停滞するというようなことはない。むしろ、不景気のほうが発展する。経営というものは、だから、どこまでも発展し続けることが出来るんや」

第三の条

積み重ねる努力

きみ、座布団の並べ方が歪(ゆが)んどる

松下幸之助さんの近くで仕事をするようになって二カ月ほどが経った、昭和42(1967)年11月の中頃のことでした。それまでほとんど注意らしい注意をされたことのなかった私には、内心驚きを禁じえない「事件」がありました。

その日、夕方、松下さんが、京都の私邸の部屋を出たとたん、立ち止まって振り返り、松下さんを見送るために一緒について出ようとしていた私の顔を見ながら、「きみ、部屋を出る時には、その電気ストーブのスイッチを切れや」。ハッとして、すぐに言われる通り、スイッチを切りましたが、切りながら、内心、「松下グループの総帥(そうすい)である松下幸之助ともあろう人が、ストーブのスイッチを切るようにと、いちいち指示を出す。あまりに小さすぎる注意。こんな細かなことを言うの?」と思っていました。そして、松下さんは、さらにこう付け加えたのです。「誰もおれへんのに、ストーブ、つけとく必要はない。それに危ないやろ、火事にでも

なったら」。それからしばらくの間、松下さんの「小さな指示」が、私の心に残っていました。

その一カ月後、松下さんが、お客様を迎えた時、1時間ほど前に京都の私邸にやって来ました。いろいろな人に指示を与えてから、私に、「庭に出て歩くから、ついてこい」と言う。散歩かな、と思いつつ、ついていくと、「今日のお客様の庭の案内は、きみ、やってくれや」。まだ、この庭についての知識など、ほとんどない。緊張しながら歩いていると、庭の所々で立ち止まっては、「ここではお客様にこういう説明をせよ」、「この石はなんの石だと解説しなさい」、「この池の水は、琵琶湖からの疎水の水です、と言え」などと、一つひとつ、こと細かに指示を出しました。この私邸の庭は、京都府から明治の文化財に指定されています。広さは全部で約2000坪。名庭園師、小川治兵衛（じへえ）の作になる、なかなかの名園です。いまも、よくテレビでも取り上げられたりしています。

昭和36（1961）年、ある人からこの邸宅を譲り受けた松下さんは、明治時代の庭園の基本である借景、自然様式、池泉（ちせん）回遊式という基本を残したまま、かなり自分好みに造り替えました。そういうことで、思い入れも強く、松下さん自慢の庭でした。

その庭を一回りすると、松下さんは、十畳の座敷に上がりました。そこにはすでに、お客様一〇人分の座布団が、きれいに並べてありました。確かに私には、きれいに並べてあると思ったのですが、松下さんは、ダメだと言うのです。ビックリしている私に向かって、「きみ、座布団の並べ方が歪んどる」と言うのです。えっ？　と思いながら改めて見直してみましたが、私が見る限り整然と並べられています。どこが曲がっているのか、歪んでいるのか分からないままに、松下さんを見ると、ちょうど私たちが小学生の頃教室で机を並べる時、いちばん前の机に合わせて何番目が出ている、何番目が歪んでいるとか言い合いながら並べたように、座布団を見つめていました。たかが座布団、そこまでしなくともいいのではないかと思いつつ、言われるままに並べ直しました。これでいいか、と一息ついたところで、再び松下さんからの指示。「この座布団は裏返しになっている。それに前と後ろが反対や。全部、確認してくれんか」

その時、私は座布団の表と裏とか、前と後ろという知識は持ち合わせていませんでした。どちらが表で、どちらが裏なのか。そして、どちらが前で、どちらが後ろなのか。一瞬ひるんでいる私に、松下さんは、足もとの座布団を1枚取り上げ、「ええか、きみ。ここは縫い目がないやろ。これが前や。それから後ろ側の縫い目を見ると、一方が上にかぶさっている。こちらが表というわけや」。説明を聞いて、私は驚くやら感心するやら、ご想像いただけると思います。さらに加えて、松下さんが、座布団の前に置かれた8枚の灰皿をも真っすぐに、と指示が出た時には、私も意地になって、畳の目を数えて並べたものです。しかし、このような「小さな注意」を、私はそれから幾たびも経験することになりました。

松下幸之助という人が、なぜ、経営者として、大きく成功したのか、その秘訣はなにかという質問は、おそらく松下さんが、最も多い回数、受けた質問の一つではないかと思います。松下さんは、その折々に、思いつくままに幾つかの理由を挙げて話をしていました。

例えば、「理想を掲げたから」。松下さんは、まだ町工場といった時代に、「250年計画」を発表しています。250年先の理想を掲げることによって、いわば、町工場の社員たちが、「そうか、いまは、このような小さな町工場だけれど、遠い将来、もう俺たちはいないけれど、この会社は、日本中の人たちに喜びを与え、日本という国を楽土にする、そんな会社になるのか」と、感動し、誇りを持った。そのことにより、社員が、おおいに使命感を持って、やる気を出し、社員一人ひとりがその持てる能力以上の力を発揮してくれたから、経営者として、成功と言えば成功したと言えるかもしれません、と答えることもありました。聞いた人は、「さすが松下さん、250年計画か、日本を楽土にするなんて、壮大、かつ、スケールが違うなあ」と思う人もいたでしょうし、実際、私に、「すごいね。松下さんの考えることは。われわれと違う」と言った人もいました。

しかし一方、松下さんは、成功の理由に、「日々の積み重ね」、「平凡なこと、当たり前のこと、些細なことの積み重ね」という答えをする時もありました。松下さんは、確かに崇高な理想も掲げていました。250年計画という理想も掲げていました。しかし、自分が成功したのは、実は、その日その日を大事にして、やってきたからだと話すことも多かったのです。

「正直なところ、その日その日を大事に仕事をしてきたということが、まあ、私の今日を成さしめたように思います。ひとつ大きな工場を建ててやろうというような遠大な計画は、当時を振り返ってみますと、私は持っておらなかったように思う。創業当時は一日1円の売上げが2円になることを望み、2円が3円になるようにと、その日その日を、丁寧に過ごす。小さなことでも、熱心に取り組み、努力したにすぎないということです。青年にして、大志を抱くこと、まことに結構ですが、しかし、それを達成するには、その日その日の仕事を大事にする、些細と思われることも大事にすることによって、そこに一歩一歩の進歩というものが積み上げられていく。そして、気がついてみたら、大きな仕事となっていた。

まあ、経営というものは、経営者というものは、大きなことを言うてですね、威勢よくやっていきたいという気持ちは分からんでもありませんが、地に足がつかないままでの威勢のよさは、あきません。やはり、小さいことを積み上げていく。日々、やるべきことをきちっとやっていく。細部にも目を配り、疎（おろそ）かにしない。まあ、そういうことで、経営を難しく考えるのではなく、平凡に解釈して取り組んでいけば、ある程度までは必ず成功するのではないかと思います」

その日その日を大事に、小さなことも疎かにせず、一歩一歩積み上げて、という松下さんの話は、あまりに平凡で、記憶に残りにくいかもしれません。しかし、その平凡なことを何十年も続け、些細を積み重ねるならば、「平凡は非凡な結果に変わる」ことを、松下さんは言いたかったのでしょう。ことに若い人には、そのことを知っておいていただきたいと思います。理想を掲げ、大志を抱くことは大事ですが、遠大な計画を口にして、大言壮語に終わらせないよう、日々、些細なことと思われることを積み重ねていくことが、成功への近道であることは、覚えておいていいのではないでしょうか。

言ってみれば、「理想を掲げること」と、「一歩一歩些細を積み重ねていくこと」は、車の両輪であるということです。何事によらず成功は、高き理想と目標を掲げて、実現にあたっては、一歩一歩を力強く踏みしめて歩みを続けていくほか、達成の方法はないということです。一歩一歩の歩みは、のろいように思われますが、たゆまざれば、驚くべき成果となるのです。私たちは、ついこの当たり前のことを忘れがちになります。ですから、「平凡なこと、当たり前のこと、小さなことを疎かにして、成功には、とうてい手は届かない」ということを、深く心の底に沈潜させる必要があると思います。「些細の積み重ね」にこそ、成功への近道がある。しっかりと胸に刻んでおきたいものです。

不良品は不良品や

もう一つ、私が、些細なことと思ったことで、松下さんから厳しく叱責されたことを、ここで付け加えておきたいと思います。『商売心得帖』という、松下さんの本をつくった時のことです。

「心得帖」というタイトルの雰囲気を出すために、昔の和綴じ風がいいだろうと決定。それで、紺地に表題のところは白く抜いて、そこに「商売心得帖」と印刷しよう、ということになりました。しかし、実際には、このやり方が意外に難しい。白く抜いたところに文字を印刷すると、わずかな文字の歪みも気になってしまうのです。真っすぐにするということは、当時の技術では、不可能だということでした。「技術的に難しいから、こういう白抜きの中に、文字を印刷するということはやめてほしい」と印刷会社の技術担当者が言います。なるほど、そうならば仕方がない。私は、諦めました。その代わりに、表紙全体を紺地に印刷して、その上から白地に「商売心得帖」と印刷した短冊状の紙を貼ることにしました。ところが、紙と紙とを糊で貼り合わせると、水分の吸収度が異なりますから、どうしても凸凹が出来る。そこで、なんとかその凸凹を最小限にすべく、また、貼る白地の紙が歪まないように、何回も何回も慎重に作業する。ずいぶん手間のかかる作業になりました。

そのような苦心苦労を重ねて、ようやく出来あがった。すぐに松下さんに電話を入れました。「そうか、出来たか。すまんが、きみ、すぐ持ってきてくれや」。と言っても、松下さんは東京。作業は大阪の印刷所。それで、とりあえず10冊持って、新幹線に飛び乗りました。松下電器の東京支社に、私は意気揚々と飛び込み、松下さんに手渡しました。「うん、出来たか。なかなかええやないか」と喜んでくれました。ところが、ぱらぱらとめくり終えた松下さんが、改めて表紙を見ているうちに、松下さんの表情が少し変わったな、と思ったとたん、「きみ、これ、不良品や」と言うのです。どこが不良品なのかと、きょとんとしていると、松下さんはその本を目の高さに持ち上げ、水平にして横から眺めました。「ここのところが、でこぼこしているやろ。これは、あかん」と言いながら、紺地に貼った白地のタイトルのところを指先で撫でていました。

それは、私にも分かっていました。前述の通り、異質の紙を糊で貼り合わせる。現場では、試作に試作を重ねて、もっとも凹凸が小さい、目立たない組み合わせ、しかも昼夜兼行で相当な努力を重ねたのですから、ここは、こうなる理由と、そして努力を説明しなければ、ということで、縷々と話をしました。しかし、松下さんは、納得せず許してくれませんでした。

「きみが、どんなに説明しても、不良品は不良品や。第一、きみは、紺地を白く抜いて、商売心得帖という文字を印刷することを、やってもらったのか。それを見たのか。出来ん出来んと言ってるだけではあかんやないか。一度、やってみいや。とにかく、これは不良品や。こんなもん、電気製品やったら不良品で責任をとらんといかんようなものや。それが分からんのか！」。大変なお怒りでしたが、私は内心、こんな小さなこと、些細なことで、どうしてこんなに一生懸命になるのだろうか。どうしてこんなに激しく怒るのだろう。だいたい、本を水平にしてみるなどということは、松下さんぐらいしかしない。正面から見れば、ほとんど凹凸は目立たないというか、気にならないのに、と思っていました。

しかし、仕方がありません。早速に大阪へとんぼ返り。印刷会社の担当責任者に説明すると、「それは、出来ませんよ。言ったでしょう、難しいって。出来ないって」。「いや、そこを、一度やってみてください」などと押し問答になりました。しかし、最後に、「松下さんが、やってみろと言っておられるなら、やってみますよ。なんとかやってみましょう」と引き受けてくれました。

どこまで出来るのか。紺色の印刷の、その一部を白く抜き、そこに「商売心得帖」という文字を印刷する。それは、印刷会社が過去の経験から難しいと知っている。うまくいくだろうか。それから、三日三晩、印刷会社の担当責任者はじめ現場の人たちも懸命に取り組んでくれました。そして、信じられないことに、白抜き、窓抜きにして、そこに真っすぐ「商売心得帖」という文字を、印刷することが可能になったのです。私が喜んだのは言うまでもありません。

しかし、思いがけなかったことは、印刷会社の担当責任者も喜んでくれたことでした。新しいやり方を見つけることが出来たからです。「やあ、松下幸之助様様！　いろいろ考えて、いろいろやれば、出来るもんですねえ」。そればかりではありません。短冊状の紙を貼りつける手間も省けるのですから、コストも大幅に安くなりました。私は、改めて、厳しい要求があってこそ、そこに進歩も発展もあることを身をもって知ることが出来ました。早速に、松下さんのところに持参しましたが、おおいに褒めてくれました。そして破顔一笑、「きみ、やろうと思ったら、出来るやろう」と言いました。

こうして私は、人生というものは、経営というものは、日常一見些細なことと思われるようなことが積み重ねられた叙事詩なんだと理解するようになったのです。

とにかく、経営というと、組織や体制、あるいは管理や手法、人事といったことを大胆に動かしてやるものだと錯覚してしまいがちですが、やはり、指導者なり、社員なりが、小さなこと、些細なことを大切にするところに経営の発展があるのではないかと思います。我が国の経済発展の基盤をつくったのは、第一線の従業員、ワーカーの細かい気遣いの積み重ねだと思います。経営者の、社員の、日々の考え方とか振る舞い、仕事の進め方、打ち込み方、日常の熱意というような「小さなこと」が積み重ねられたからこそ、今日の日本経済、あるいは日本の企業が存在するのだということです。

繰り返しますが、「成功とは、結局は、日常の一見些細なことと思われることの積み重ねられた叙事詩」です。ですから、私たちは、「大事」を忘れてはいけませんが、同時に時代の風潮がどうあれ、正しいこと、それがたとえ、小さなこと、当たり前のことであっても、真剣に取り組んでいくべきではないかと、松下幸之助という人を思い出しながら、いまもしみじみと思うのです。

ここは書き換えよう

『人間を考える』という本をつくった時のことです。この本の内容については、あとでお話しますが、松下幸之助さんにとっては、きわめて重要、というか、「松下幸之助そのもの」と言っていいような著作です。

この原稿は、その二〇年ほど前から、松下さんが吟味に吟味を重ねていた「人間観」の解説書でもあります。その検討を始めて数回のところで、その修正した手書き原稿は印刷会社に頼んで、ゲラ刷り（校正用に印刷したもの）として、活字に組んでもらいました。そのゲラ刷りを出発点にして、それから半年間、土曜、日曜、祝祭日はもちろん、休みなく毎日、検討が行われました。

１５０～60ページのゲラを最初から最後まで、初めのうちは、一週間ほど、そして、その速度はだんだんと速くなり、後半になると、一日で最後まで検討して読み終えるようになりました。そして、一回の検討が終わるたびに、印刷会社にお願いして、ゲラ刷りをしてもらう。もちろん、毎日、修正のゲラ刷りをお願いするということではありませんでしたが、それでも、数日に一度はお願いしました。

初めのうちは、印刷会社の担当者の人も、分かりましたと機嫌よく引き受けてくれましたが、修正のゲラ刷りのお願いが一五回を超える頃になった時、担当者が顔をゆがめながら、「江口さん、たいがいにしてください。いままでのウチの修正のゲラ刷りの記録は、某大学の先生で、一二、三回されたのが最高なんです。まあ、普通は、せいぜい二回か三回ですよ。こんなに何回も出されると、他の仕事にも影響します。困りますよ」と言い出しました。

「それはそうだと思いますが、そこをなんとか……」などと頭を下げ、なだめすかしながらでしたが、さすが、二〇回を超えると、印刷会社の担当者も諦めたのか、理解してくれたのか、あるいは、私に同情してくれたのか分かりませんが、「ああ、何回でもゲラ刷りしますよ。どんどん申し付けいただいて結構です。気にしないでください」と言ってくれるようになりました。

結局、半年間、約六カ月の間で、六十数回になったのですから、松下幸之助さんの人間観の検討は執拗を極めたと言っていいと思います。どのような小さな言葉、どのような小さな考えの違うような、また誤解をされるかもしれない表現も文言も見逃しませんでした。たいていの松下さんの本は、そのような松下さん自身の、数回の確認作業が常でありましたが、この六十数回の検討、確認作業は異常であったと、いま考えてみても、そのように思います。

たいていの場合は自分で思うこと、考えたことを研究員たちを前にして、数時間、時には数日間にわたって話をする。その松下さんの話を、時折、研究員たちが質問したり確認したりします。そして、必ず、その時の松下さんの話、研究員たちのやり取りを録音していきます。その録音した内容を文字に起こして、ほとんど松下さんが話した通りの原稿を作成します。多少、話し言葉を書き言葉に換えたり、繰り返しの話を整理したりしますが、素原稿は、ほとんど松下さんの話した通りでした。その素原稿をもとにして、いわゆる「勉強会」が始まります。

所員が声を出して原稿のコピーを読んでいきます。松下さんも片手に鉛筆を持って原稿の文字を追いかけていく。読んで、読んで、繰り返し読んでいきながら、松下さんから指示が出る。「ここは、こういう風に書き換えよう」、あるいは「もう少し丁寧に説明せんとあかんな」、「ここは、削除しよう」というように。その指示は実に微に入り細に入り、研究員たちが、なにもそこまで修正しなくてもと思うほどに、松下さんは自分が納得するまで修正、訂正をします。その通りに研究員は、修正、訂正などを繰り返すのです。そして、この作業は一、二回で終わることは決してありませんでした。数回、時には十数回もその作業を繰り返しながら、一冊の松下さんの本が出来あがるのです。そのうえで他の幾人かに読ませる。感想を訊ねる。意見を聞く。そして、なるほどと思えば、さらにその感想、意見に基づいて修正し、書き直して、ようよう上梓の運びになるということです。

ことに、この『人間を考える』の原稿の修正回数、修正のゲラ刷りは六十数回という驚異的回数。そして、その検討回数は、ゆうに一〇〇回は超えていました。また、意見を聞く人数においても、他の著作をはるかに凌ぐものがありました。半年間にわたる、二人だけの勉強会が終わると、私はいつものように、外部のいろいろな方々の意見、感想を聞きに回るように指示されました。北海道から福岡まで、著名な識者の先生方はもちろんのこと、松下さんの身近な人たち、会社の幹部の人たちにも意見、感想を聞きに行かされましたが、その方々は記憶では、一二〇人を超えていたと思います。

多くの識者の方々は、おおむねこの松下さんの人間観に賛同、賛意を示していただき、中には感想文を書いてくださった方もいましたが、そういう識者の先生方の一方で、松下さんの周辺の人たち、会社の幹部の人たちは、どちらかと言えば反対、もしくは批判的であったことは、いまでも強い印象として残っています。尤(もっと)も、身近な人たち、会社幹部の人たちの多くは、もともと松下さんの著作活動には批判的でしたから、そういう報告をしても、松下さんが「世の中とは、そういうもの」と笑顔で答えていたことを思い出します。

結局、集められた意見は、1000件近くにのぼりました。松下さんは、その寄せられた意見、感想を一つひとつ丁寧に読み、時には、私にその意見、感想を読ませました。そして、吟味しながら、直すべきは直し、書き換えるべきと思ったところは書き直しましたが、松下さん自身が納得しない点については、いかにそれに類似した意見が多くても、考えを訂正、修正することはありませんでした。しかし、そういう批判、反対の意見はみな、松下さんの頭の中に入れられていましたので、のちにいろいろな方々から質問を受けた時にも、簡単、明快に自説を展開していました。改めて、多くの人たちの意見を求めること、衆知を集めることの大切さを、私は、この時も認識したものでした。

松下さんの、自分の本づくり、著作に対する異常とも思えるほどの執拗さは、言うまでもなく自分の真意を正しく表現したいという思いと、もう一つ、読者の人たちに完璧な責任を果たすべきだという信念があったからだろうと思います。

雨が降れば傘をさす

前述の通り、五年先、あるいは一〇年先のことを考えながら、商売というものは、その日その日の積み重ね。一日一日を丁寧に積み重ねていくこと。それでいいのだというように解釈していったら、いいのではないか。そうすれば、だいたいにおいて、経営も商売もうまくいく。こういう考え方を、松下さんは持っていました。

ある新聞記者が「松下さんは、非常に成功したと思いますが、その成功の秘訣はなにか、ひとつ話して頂けませんか」と質問したことがあります。松下幸之助さんの答えは「まあ、天地自然の理によるんですわ」と、ひと言。この答えに面食らった記者は、「天地自然の理？　具体的にどういうことでしょうか？」と追っかけ訊ねますと、松下さんは、いつものように、聞くだけでは理解不能な、まるで禅問答のような答えをしました。

「それはですな、雨が降れば傘をさす、ということですわ」

その記者はいっそう面食らって、口ごもっていると、松下さんは、次のような説明をしたということです。

「あなたは、雨が降り出したら、どうしますか。当然、雨が降れば傘をさしましょう。そうすれば濡れないで済むからね。それは天地自然の理に順応した、いわば、ごく平凡な姿ですな。当たり前の振る舞いですわ。商売や経営でも同じことです。商売、経営に発展の秘訣があるとすれば、それはその平凡なことを、ごく当たり前にやるということ。やるべきことをやる。やるべきでないことはやらない。そういうことに尽きるということです。具体的に言えばですね、100円で仕入れたものは、適正利益を加えてお客様が買ってくださると思われる価格、百数十円で売る。売ったものの代金はきちんと集金する。正直に事業を進めていく。正しく商売をしていく。そういうことですな」

雨が降るのに、わざわざ傘もささずに濡れ放題というのは、よほど奇矯(ききょう)な人でなければやらないでしょう。ところが松下さんが長年の体験の中で見ていると、商売をする人、経営に取り組んでいる人の中には、どうも当たり前のことをやらない人がいる。雨が降っても傘をささない人がいる。売れるのであれば、不当に高い価格をつける。暴利をむさぼる。集金をきちんとしないで、銀行から足りない資金を借りようとする。資金もないのに、無理をして商品を仕入れ、高額な定価をつけて売りつける。あるいは、適正価格を不当に値引きして、客寄せをし、一方で、別の商品を適正価格以上の価格で販売し、全体で利益を確保しようとする、いわゆる〝だまし商法〟。こういう商売、経営は、天地自然の理に反する商売の仕方、経営の仕方。そのように、傘もささずに歩き出す商売人、経営者は、結局は、成功しない。失敗するということです。非常に成功している人と、失敗した人を比べてみると、そこには、明確な理由がある。成功するためには、天地自然の理に従って、当たり前のことを当たり前にしていれば、成功するものですよ、というのが、松下さんがその新聞記者に言いたかったことでしょう。

雨が降れば傘をさす、暑くなれば薄着になる、寒くなれば厚着になる。天地自然の理に従え、というと難しくなりますが、要は、当たり前のことを日々やっていくということです。それを着実に実行していくならば、仕事でも経営でも、いや、人生でさえも、成功するようになっている。松下さんの経験的哲学です。

「取引先で、うまくいっていないところをみるとな、やはりその店主(あるじ)の力以上のことをやっているんやな。ほとんど例外なしと言っていいほど、自分の力以上のことをやっているんや。それに対して、うまくいっているところは、その店主の力の範囲で仕事をしておったな。たくさんの得意先がおったから、それがよく分かるんや」

多くの、うまくいかない商売、経営をしている経営者が、会社の不振は、不景気が原因だ、構造不況だ、経済政策が悪いからだなどと説明しますが、その経営者のものの考え方が、実は、天地自然の理から離れ、やるべきことをやらず、なすべきことを忘れて、地に足がついていない場合が非常に多かったということでしょう。

「雨が降れば傘をさす」。まさにこの松下幸之助さんの言葉は、「経営秘伝」のひと言。この奥義を、「そうか、そうなのか！」と理解出来れば、「免許皆伝」ということになると、私は思います。

わしが凡人やったから、よかったな

松下幸之助さんという人と長年接していると、この人が果たして、わずか六〇年、七〇年ほどの間に、ゼロから出発して世界的大企業を創った人なのだろうかと思う瞬間を、時折、感じることがありました。群を抜いて豊富な知識を持ち合わせているようにも見えない。特別に他を圧倒するような迫力のある風貌でもない。格別に話し方に長けているわけでもない。テレビで高校野球を観ている、相撲を観ている、その横顔を見つめながら、この人には、他を威圧するなにものも持ち合わせていないというように思えました。そればかりではありません。時に、気弱な、あまり自信のない表情が、その顔をよぎることもありました。

松下さんは、経営に携わっていた間、ずっと恐る恐る経営に取り組んでいた、と言うことが出来るかもしれません。いや、人生をも、恐る恐る生きていたということも言えるかもしれません。ならば、あの圧倒的な存在感はなんだったのでしょうか。なによりも、その残した実績は、とてつもなく大きい。ある時、松下さんは、次のように話をしてくれたことがあります。

「うん？　わしが成功した理由か？　そやなあ、よう分からんなあ。きみが聞くように時折、どうしてあんたは、こんなに会社を大きくしたのか教えてくれ、どんな方法があるのか教えてくれ、というようなことを聞かれる時があってな。けど、そんなことを聞かれても、あれへんわけや。けどな、強いて言えば、わしが凡人やったからやろうな。人と比べて誇れるようなものはない。それがよかったと思う」

成功の理由を、そう話す時もありました。松下さんは小学校4年中退です。松下さんが4歳の時、父親が米相場に手を出して失敗し、それまでは大きな蔵があるような、そこそこの素封家であったようですが、没落。いっぺんに貧困生活に陥ります。両親と兄姉で一〇人いた家族は、みんな和歌山に、大阪に出て働かなければならず、ついには帰る故郷もなくなってしまいました。加えて、その家族さえ、次々に死んでいく。松下さんが5歳の時に、兄の一人が死んでから、26歳までに親兄姉はみな結核で死んでしまうのです。

しかも松下さんも、20歳の時に、肺尖カタルにかかってしまいます。結核の初期段階です。

医者に診てもらうと、「仕事を休んで、すぐ郷里に帰って養生しなさい」と言われたそうです。しかし、帰る故郷は、もうありません。お金もありません。そのまま松下さんは、身体（からだ）をいたわりながら仕事を続けるしかなかったのです。やがて23歳の時、起業して、経済的に多少余裕が出来た時になって、ようやく病院に出かけます。

「途中、道々、血を吐いてな。たいしたことはなかったけどな、しかし、その血を見て、ついに来るものが来たと。これで終わりかなと、そう思ったわ」と、時折語ってくれました。結局、結核にはなりませんでしたが、松下さんの身体は、亡くなる94歳まで生涯、病弱でした。40過ぎぐらいまでは寝たり起きたりの状態でしたが、私が側で仕事をするようになった、松下さんの71歳の時からの実際の様子も、一年のかなり多くは、ベッドの上で過ごしていました。いわば、松下さんの人生は、ずっと身体に気をつけながらの人生であったと言えると思います。

「衆知を集めて経営をしたのも、わしが学校出てなかったからやな。もし出ておれば、わしは人に訊ねるのも恥ずかしいと思うやろうし、あるいは聞く必要もないと思ったかもしれん。けど幸いにして、学校へ行ってないからね。そういうことであれば、人に訊ねる以外にないということになるわな。それで経営も商売も、人に訊ねながらやってきた。それがうまくいったんやな。そういうことを考えてくると、今日の、商売におけるわしの成功は、わし自身が凡人だったからだと言えるやろうな」

松下幸之助さんの経営における幾多の成功事例は、そのような人生を背景に生み出されたものが多いように思います。例えば事業部制。昭和８（１９３３）年、世界的にも早い時期でした。しかしそれは、松下さん自身が言っていたように、身体が弱く直接に仕事をやることが出来なかったからです。それで、自分に代わって、部下の誰かに仕事をやってもらおうと考えているうちに、自然に、それぞれの製品別に事業部、いわば企業内企業をつくって、経営をやってもらうことを思いついたのです。

のちに、人材の育成とか責任の明確化とか、合理的な説明がなされるようになりますが、もともとは自分の身体が弱かったことがきっかけであるわけです。もし、頑健な身体をしていたら、１から10まで全部自分が先頭に立って、やってしまおうと思ったのではないでしょうか。「幸いにして」身体が弱かった。それがよかったという松下さんの話は、あながち作為的とは言えないと思います。松下さんは、よく、雑談で、そのような話をしていました。

このように松下さんが、大きな成功を収めることが出来た重要な理由として、自分の「弱さからの出発」というか、「不利からの出発」という状況をはっきりと見つめ、容認したということがあると思います。自分が凡人であり、病弱であり、そして、その病弱な凡人が事業に取り組むのだということを、自認したからこそ、その成功があった。松下さんは自分を、「普通の人間」、「平凡な人間」、「凡人」、「病弱な人間」として認識していた、諦観していたからこそ、成功したということです。

松下さんは、性格的にも弱いほうであったと思います。自分自身でも、「気の弱いほうだった」と、時折、言っていました。しかし、一方では驚くべき強さがありました。常人では及びもつかない強さがあったことも、また事実です。特に、自分の信念を貫くことには強烈な強さがありました。また、強い責任感を持っていました。とにかく自分自身に対しては常に厳しい人でした。こうした厳しさ、強さはどこから出てきたのでしょうか。その強さは、奇妙な言い方かもしれませんが、「自分の弱さを認識し、容認した。そして、その弱さに徹したところ、弱さを出発点にして思案するところ」から生まれてきたのではないかと思います。

たいていの人間であれば、なるべく自分の弱さを隠そうとする。逆に、どこかで自分の「優位性」を表現しようと虚勢を張る。弱い自分をどこかで「強く」見せたいと考えるものです。その無理が、その人の強さを失わせることになると思います。しかし、ほんとうの自分を素直に、ありのままに、曝け出す者には、周囲は魅力を感じ、その人に親近感を感じるものです。

そして、そばにいる人の心を開かせ、かえって存在と迫力を感じさせるようになるのです。

と同時にもう一つ、松下さんは、その弱さから出発しながら、弱さを現実において「強さ」に変える意思を持っていました。「弱さ」を「強さ」に変えるためには、どうすればいいのでしょうか。それは、日々、素直に自分の弱さを諦観し、一歩一歩を積み重ねていくことであると思います。人に訊ねたほうがいいと思うならば、素直に訊ねる。恵まれた能力がないというのであれば、人一倍の熱意でことに当たる。病弱であるというのなら、捉われず、周囲の人たちに力を貸してくれと頼む。そのような素直さ、諦観が、弱さを強さに、平凡を非凡に変えてくれるのではないでしょうか。

このように考えてくると、成功を目指す者が心すべきことは、中途半端に自分ひとりを高きところに置き、見せかけの強さから出発してはならないということです。自分の弱さを直視し、認識し、諦観し、それを出発点にして、平凡なことを誠実に熱意を持って積み重ねて、ほんとうの強さを生み出していこうとすることです。

えらい女中さんやな

松下電器の工場、事業所は、日本のほぼ全県にありました。なぜそんなにたくさんの場所にあるかと言えば、発端は次のような出来事があったからです。

昭和41（１９６６）年、松下電器販売店の大会に出席するため、松下さんは鳥取県の米子に行きました。大会には、知事も市長も商工会議所の会頭も、挨拶に来られたそうです。大会が終わって、その夜、泊まった旅館で翌日、朝御飯を食べていると、給仕をしてくれていた女中さんが、「松下さん、一つお願いがあるのです。ぜひ、この米子に、松下電器の工場を建てていただけませんか」と言う。「実は、鳥取米子には、働く場所が少ないため、最近若い人たちが、どんどん都会へ出ていってしまいます。若い人が減る一方で、それが非常に寂しいし、今後の発展も望めません。もしここに、一つでも工場があれば、働く場所があれば、いくらかでも若い人たちは、ここにとどまってくれるのではないかと思うのです。どうか、ぜひ工場をつくって頂けませんでしょうか」。

それを聞いた松下さんは、「えらい女中さんやな」と非常に感動します。昨日、挨拶に来た知事や市長や会頭から、通りいっぺんの挨拶はあったけれども、この女中さんのような切実な思いを吐露され、頼まれるようなことはなかった。この女中さんは偉い、立派な女性だと心動かされました。経済の高度成長に伴い、都市と地方の間で、人口の過疎過密の問題が顕在化しつつある時代でした。そこで、松下さんは、当時いちばん人口減少が大きかった鹿児島県をスタートとして、工場の地方進出を実行することにしたのです。そして、確か四年後、米子の女中さんの願い通り、鳥取県大山町に、マイクロモータの工場をつくりました。

過疎に、どこの企業も工場をつくらなかったのは、ひとえに、部品を運び、また出来あがった製品を運ぶ、その時間と経費の問題。しかし、松下さんは、その米子の女中さんからの訴えを、そのような企業の損得で考えるのではなく、日本の国全体の活性化、地方を元気に、また、高齢者に寂しい思いをさせてはいけないという思いから、工場、事業所の全国展開を考えたのです。米子の女中さんの訴え、それに心打たれ、実行した松下さん。

ところが、結果的に松下電器は、各地域で社会的評価を高め、経営的にもプラスになったのです。良質の労働力が安く集まり、土地も安く、宣伝にもなったからです。それを見て、他社の人たちは、「さすが松下さん、商売上手ですね。うまくやりましたね」と言う人たちがいました。しかし、松下さんの、もともとの発想は、米子の女中さんの話を聞いて、おおいに同情し、もっともな話だ、自分が同じ立場であったら、どんなに寂しいだろうかと思った、その気持ちであったのです。ですから、たとえ自分の会社が損をしても、多くの人々が喜び、充実して生活が出来るようになれば、企業人として、以って瞑すべしと考えたのです。公の立場から見て、都市と地方との間で、アンバランスな状態が続いては、やがて日本全体の成長が止まってしまう、ここは、損得ではなく、日本のために、地方のためにと思ったからです。

すなわち、「自分のことより、他人(ひと)のことを、自社のことより人々のことを、先に考えたこと」が、その結果として、この工場、事業所の全国展開は、松下電器に大きな成功を呼んだのです。「他を思うことを先行すれば、結果として、己を利することになる」という言葉の好例ではないでしょうか。

松下さんは、後日、ある雑誌で、「これからは企業の使命として、一時的に多少、利益が少なくなっても、あえて過疎に悩む地方に工場をつくって、貢献していくべきだ」という趣旨の論文を発表しています。昨今の地方創生も、国の掛け声だけではなく、経営者自身が、自利、損得勘定だけで考えるのではなく、我が国の将来を考え、自社よりも国民的課題解決を先行させ、松下幸之助さんのような、まず「人間ありき、国民ありき、地方ありき」という発想をする、そうした「品格ある発想」をし、敢然と実行すべきではないかと思います。

あえて付け加えておきますが、松下さんは、そのために政府に補助金を、などという「下品な発想」はしませんでしたし、要望もしていません。昨今は、自分のことを先に考えたほうが得だという風潮がありますが、それは松下さんの、常々言っていたような、「人間大事の発想」ではなく「浮利大事の発想」、「お金大事の発想」だということ。これでは、ある程度の経営的成功を収めても、長期的に見て、衰退の一途を辿ること必定だと思います。

誰がそうしろと言ったんや

松下幸之助さんは、ＰＨＰ研究所の活動が、基本理念（Peace and Happiness through Prosperity：繁栄によって平和と幸福を）から外れていないか、年々増大する雑誌、単行本を一点一点いつも自分で確認していました。雑誌はまず表紙を見て、目次を見る、そして適当に開いたところを読む。どこを読むのかは、その時次第ですから、こちらが読んでほしいところを指定することも出来ません。幾つかの掲載文をランダムに読んでは、頷きながら、「ええやないか」と言うのが常でした。

オピニオン誌『Ｖｏｉｃｅ』は、掲載分を1時間ほど、読むだけでなく、掲載広告にも強い関心を持っていました。広告を出していただいた会社を、ページをめくりながら、一つひとつ確認しては、ここは先月も出してくれていたな、ここは初めてやないか、というようなことを話かけてくるのが常でした。よく覚えているものだと、私は、内心感心したものです。単行本、書籍も同じような確認の仕方でしたが、表紙、目次を見てから、著者がどういう人なのかをよく訊ねられました。そして、時折、その本の前書きと後書きを私は読まされ、また、最初の数ページあるいは丸ごと第一章を読まされました。

私が経営を担当し始めの頃は、雑誌が二点ほど、書籍の発刊点数もわずかでしたから、松下さんの確認も、さほど時間はかかりませんでした。しかし、だんだんと雑誌の点数も増えてくる、書籍の発刊点数も多くなってくると、雑誌はともかく、書籍は適当に間引いて、私は報告するようになりました。

その日の夕方、いつものように呼び出されて、松下さんのところへ行きますと、PHP研究所から出している書籍の新聞広告を見ながら、「きみ、この本を出していること、わしはきみの報告を受けておらんで」と言う。「いえ、この頃は、発刊点数も多くなって、いちいちご報告するのも、かえってご迷惑かと考え、毎月の発刊書籍の中から選んで数冊報告させていただくことにしていますので」と答えたとたん、松下さんの表情が変わった。そして、睨みつけるようにして、厳しい口調で、「誰がそうしろと言ったんや。誰がそう指示したんや!」。私は、その急変と表情、語気に茫然としつつ、「この頃は、とりわけ書籍の発刊点数も多くなり……。

ご迷惑かと思いまして……」と繰り返し答えました。松下さんは、なお私を睨みつけながら、

「誰が、そうせえと言ったんや、きみがそんなことを勝手に考えるとはなにごとか！　きみは自分で十分にＰＨＰの考え方を理解把握していると思っておるのか。頭の中だけで理解して、それを自分は分かっておる、理解しておると思っているんやないか。わしから見れば、まだまだきみは頭では分かっておるやろうが、腹では理解しておらん。腹で分かっておらんものが、勝手に判断して、そんな判断は判断ではない。そういう判断は、きみにはまだ許されることではない。それだけではない。ＰＨＰの大将であるわしが目を通さんということでは、書いていただいた先生にも、申し訳ないやろ。きみ、そういうことが分からんのか！」

3時間ほど、立たされたまま叱られ続けました。しかし、私が松下さんの言おうとすることをおぼろげながら理解出来たのは、二〜三年経ってからのことでした。教えること、習うことの出来るものがあります。しかし一方、教えることも習うことも出来ず、自分で会得するより仕方のないものがあります。知識は教えて教えられますが、知恵は教えて教えられない。最終的には、自分で悟らなければならない。ですから、例えば、経営学は教え、習うことも出来ますが、経営は教えることも習うことも出来ません。スポーツでもなんでもそうですが、教科書

を読めば、名手達人になるかと言えば、決してそうではないでしょう。

経営のコツというのは、口で言えないものがあり、自分で会得するしかないのです。そして、会得するということは、体験によって、「あっ！　これだ」とハッと感じとり、それを高めていくしかありません。意識して日々の積み重ねをしていくしかないということです。松下さんが、激怒したのは、私が、松下さんの考えなり、理念を頭で理解している段階、経営のコツを体得会得していない段階と感じていたからでしょう。

もちろん、それから再び、私はＰＨＰ研究所で発刊した雑誌、書籍は、いくら多くてもすべて松下さんのところに持参、時間をかけて、筆者の先生について、論文の内容について、書籍の内容について、丁寧に報告することにしました。しかし、五年ほど経った頃、松下さんは、私の説明が終わると、「これからはな、きみに任せるから、きっちり責任を持って判断せえや。分からん時があれば、都度、言ってくれればいい」と、声をかけてくれました。瞬間、多少なりとも、経営者として認めてくれたのかな、と思ったことでした。しかし、私はそれからも、相当長い期間、「すべて報告」の原則を守り続けました。松下さんの表情も安堵に変わったような記憶があります。

働くことが先でないと、遊ぶことも出来んやないか

当時、論客と言われた、ある若手の経営者が松下幸之助さんを訪ねてきた時に、雑談の中で、次のような話をしたことがあります。

「だいたい、日本人は働き過ぎますよ。いままでは、それでもよかったかもしれませんけれど、これからもあまり働いていると、世界中から批判されるようになる。いや、もうそう言われているんです。ですから、これからの日本人は、出来るだけ遊ぶように心掛けるべきだと思います。仕事、仕事でなく、遊べ、遊べです。思い切って、学校でも、仕事より遊べ、ということを教えたほうがいいと思いますね。松下さんも、仕事が趣味なんて言っていてはいけません。もっと遊ぶべきです」

その経営者が帰ったあと、松下さんは、私に、「あの人は面白いことを言ってたな。あんた

も遊ばないとあきませんよ、と言っておったやろ。人間は、人生を楽しむために生まれてきたんやから、そのために仕事をやっておるんやから、仕事ばかりすべきではないと。まあ、そういうことやろうな。そういう考え方にも一理あるな。けどな、遊ぶことが大事で、働くことは二の次だというような言い方は、どんなもんやろうかな。やはり、まず働くことの大切さを考えておかんと、あかんのやないやろうか。働くことが先でないと、お金もないから、きみ、遊ぶことも出来んやないか。むろん、身体（からだ）を壊すほどの働き過ぎというのはあかんけどね。それにしても、仕事するより遊べということを、学校で教えるべきだというのは、どうやろか。ま、教えるんやったら、仕事も遊びも大事だということでないと」

趣味に生きるのだという人ならば、遊びが先でもいいかもしれません。しかし、成功を目指すというのならば、まず働いて、それから自分のお金で遊ぶ。それが順番というものではないでしょうか。大金持ちのボンボンならいざ知らず、仕事より遊び、などと考えていては、人生破滅への道を進む以外にないと、私も思います。

ところが努力もせず、汗も流さず、商売をし、会社を発展させていくのが、今日求められている方向であると、この経営者のように物知り顔で言う人がいます。「頭を使えよ。汗なんか流すなんて、要領が悪いんだよ」。しかし、そう言っている人は、いったいどんな人なのか。

自分を格好付けて、キザっぽく、そう言っておかないと時代の先端を行っていると思われないからとか、そう言ったほうが皆が面白がるからとか、そのようなポピュリズムの人たちばかりでは、社会は発展していかないのではないでしょうか。

先の若い経営者は、そのようなことを、ほんとうに自分の会社の人たちにも言っているのでしょうか。仕事より遊べ、と。自分の会社では言わないけれど、外で、他社の関係ない人たちには、そのようなことを言っているのであれば、まことに無責任極まりない、軽率な発言ということになるのではないでしょうか。むろん「遊べ、遊べ」と言っている経営者もいるでしょう。しかし、その場合でも、「仕事をよりよくしてほしい」、「遊びのなかから、仕事のヒントを得てほしい」、「成果をより効率的に上げてほしい」という、そのための「遊べ、遊べ」であることは間違いないでしょう。評論家の先生が言うのは、まだいいかもしれません。それも一つの考えだからです。しかし、評論家は、商売として言っているのであって、あなたの仕事、あなたの会社の成功を望んで言っているのではないのです。仕事より遊びの時代などという、もっともらしい話を鵜呑みにするのではなく、よくよく見極めなければ、成功することはおぼつかないのでは、と思います。

松下さんは、発明王エジソンを尊敬していました。松下電器産業の中央研究所の前庭に、その銅像を建てたほどです。そのエジソンの「天才とは、1パーセントの霊感と99パーセントの汗のことである」という言葉は、あまりに有名で、ご承知の方も多いと思います。白熱電球、蓄音機、活動写真その他数々の画期的な発明を成し遂げたエジソンを、天才と呼ぶことに躊躇する人はいないでしょうが、エジソン自身は、それを汗、すなわち努力の所産だと言っているのです。実際、エジソンがいかに努力家、勉強家であったかを示す話は枚挙にいとまがありません。実験にとりかかれば、寝食を忘れ、時間を超越して、それに没頭したそうです。「成功の秘訣は」と聞かれて、「時計を見ないことだ」と言ったとも伝えられています。夜が来て暗くなり、実験に支障が出るのを非常に嫌って、それが電灯を発明する大きな要因となったとも言われています。

私の好きなイチロー選手の言葉にも、「努力せずになにかが出来るようになる人のことを〝天才〟というのなら、僕はそうじゃない。努力した結果、なにかが出来るようになる人を〝天才〟というのなら、僕はそうだと思う。人が僕のことを努力もせずに打てるんだと思うんなら、それは間違いです」。努力なくして、成功なし、ということでしょう。

そもそも、仕事をすることが非人間的なことで、遊びや趣味が素晴しいことなのだろうかと思います。

「働くということは、自分のためでもあるけれど、多くの人のためでもあるわね。自分の働きによって世の中の発展に貢献しとるわけや。結果的には社会のことを考えているということになる。遊ぶということは、あるいは趣味ということは、自分だけのことやね。自分中心ということになる。確かに趣味の仲間が出来ます、あるいは遊びの友だちが出来ますということもあるけれど、あくまでもそれは個人的であるわけや」

たしかに遊んだり楽しんだりすることは大事です。それを否定しているわけではありません。しかし、それ以上に働くことの意義や大切さを知らなければならないと思います。一生懸命働いたうえで、遊びも大事だと言うのならいいでしょうが、単に、「これからは遊ぶことが大事」とだけ強調するような話し方はしないほうがいいのではないでしょうか。言うのであれば、「一生懸命働くだけではいけない。一生懸命働いた後、楽しく遊ぶということが大事」、あるいは、「遊ぶためにも、一生懸命働くべきだ」と言うべきだと思います。

いまの日本は、七十数年前のことを思えば、相当豊かになったと思います。しかし、それは、私たちの先輩の人たちが協力して、粒々辛苦働いた、その結果なのです。いま、若い人たちが、例外もありますが、楽しく過ごせるのも、私たちの先輩が汗を流し、涙を流したその「結果の享受」であることを、決して忘れてはなりません。この世の中、みんなが自分中心になって、自分のことしか考えなくなっていくのだとすれば、いったい誰が全体のことを考えるのか。それでなくても、そういう風潮があるのですから、あえてその傾向がますます強くなるような発言、扇動はしないほうがいいのではないでしょうか。「全体を考えるのは、政治家がやればいい。そのための政治家だろう」ということになるのかもしれませんが、それでは、民主主義とは言えません。

そもそものようなポピュリズム的なコメントに単純に同調するのではなく、「自分のことより他人のことを先に考えたほうが、本当は成功への近道なのだ」という人生の真実を、見識ある人ならば説くべきでしょう。

ところで、マスコミが、何百万人に一人、遊びや趣味で成功した人のことを取り上げ、放映したり、記事にすることもあります。それを観て読んで、ああ、遊びながらで成功するんだと思い込んではいけません。それは珍しいから取り上げる、あるいは、ほとんど不可能なのに成功したから取り上げる、いわば、例外的。でないと、ニュースにも話題にもなりませんから、そういう事例を取り上げるのだということも理解しておく必要があります。単純にマネをしてはいけません。ほんとうに成功したいと願う人ならば、「まず汗を流すこと」から始めること。そのほうが成功の確率が大きいことを覚えておいたほうがいいのではないでしょうか。

一から造るという発想で、やってみよう

不況の時に、松下幸之助さんがいつも言っていたのは、「風が吹く時は絶好や。凧が、よう揚がる」ということでした。つまり、穏やかな天気ではない、強風の日であればこそ、凧も揚がる。景気の悪い時にこそ、経営にとって、仕事にとって、人生にとって、好気、絶好のチャンスだということです。そういう時に、経営者は、真剣に経営を考える。社員は、それぞれの改善点、改良点を考える。人々は、改めて自分自身を見つめます。

松下さんは、よく、そのような時は、「今あるものに継ぎ足すな。今あるものをゼロにして、どうするかを考えよ」と強調したものでした。要は、「今からの出発」、「現在からの発想」ではいけないということです。

昭和２（１９２７）年に松下電器がつくったアイロンは、それまでの炭を入れるアイロンに

比べて非常に便利でしたが、当時のお金で5円という高額（当時の中卒初任給約35円、大卒初任給約50円、カレーライス7〜10銭、銭湯6銭、市電7銭）のため、一般庶民には手が出ませんでした。ですから、「良くて、安ければ、必ず売れる」と判断した松下さんは、今あるアイロンを見て新しいアイロンを考えるのではなく、「ゼロから考えて新しい製品をつくるように」指示を出します。そして担当技術者の苦闘があったものの、３円のアイロンが出来あがったのです。

同じような例がたくさんあります。昭和36（１９６１）年頃、横浜にあった松下通信工業という事業場は、カーラジオをトヨタ自動車に製造納品していました。ある時、トヨタから即刻5パーセント値段を引き下げ、さらに、向こう半年間で15パーセント下げて、合計20パーセントの値引きをしてほしいという申し入れがきました。貿易の自由化に直面し、アメリカなど海外の自動車と太刀打ちするには、もっと自動車の値段を引き下げなければならない。それに協力してほしいということでした。

通信工業は困り果ててしまいます。３パーセントしか利益がないのに、20パーセントも値引きをすれば、大変な赤字になってしまうからです。これに松下電器として、通信工業として、事業部として、どう応じるべきか。連日会議を開きますが、どうしても20パーセントの値段に引き下げることは出来ない。どうしたものか、どうすればいいのか、時に侃々諤々、時に思案に暮れて沈黙が続く。

その日も、その繰り返し議論をしている検討会議の部屋に、たまたま、やってきた松下さんは、検討を重ねている社員から事情を聴くと次のように言います。

「確かに、あんたらの言う通りやなあ。トヨタさんが要求する値引きは、かなり厳しいな。けど、将来の日本の自動車産業の姿を考えると、国際競争に勝たなければならん。これは一人トヨタさんだけの問題ではないと、わしは思うんや。これは日本のためや。お国のためや。この際、トヨタさんの言うことを、そのまま聞こうやないか。協力しようやないか。そこでや、皆に頼みたいことは、このテーブルにある製品はないものと思って、まったく新しいカーラジオを一から造るという発想でやってみてくれや。ここにいままでの製品を並べて、どこをどう削るか、どの部品を代替品に代えるか、検討してるようやけどな。ここにある製品を全部片付けてくれや。そう、それでいい。この台の上になにもないな。いわば、なんにもないというところから、トヨタさんの要望通りの製品を、どうしたら造れるか、考えよう。改善改良ではなく、ゼロから、トヨタさんの値段の商品を、性能を落とさず、造ろうと考えようやないか。皆、考えてくれるか」

「出来んと言えば、それまでや。うちも成り立っていかないし、トヨタさんも成り立っていかん。それでは日本の国も成り立っていかないことになる。国民のためにもならんということや。ここは、きみたちも苦しい、しんどいと思うけど、一企業という立場ではなく、国家のことを考えて、発想を変えて、白紙に戻って、これに取り組んでくれんか」

その松下さんの言葉に感激した社員たちは、連日連夜の検討、試作、検討、試作を重ねて、ついに、数カ月後には、予定通り20パーセント安くして、なお10パーセントの利益が出るカーラジオをつくり上げることに成功したのです。松下さんの話によって、まさに、イノベーションに成功したということになるのでしょう。改善、改革をしていくことも大事なことです。日々を積み上げていく。一つの製品を弛まず改善し続け、改良し続けることは、仕事に取り組む基本の基本だと言えます。

しかし、時には、昨日あるものに今日を継ぎ足す、昨日のものを改良するのではなく、全部否定して、「ゼロから発想」をしてみることも重要なのです。昨今、イノベーションの重要性が指摘されていますが、それは、「改善・改良」ではなく、このような、「ゼロからの発想」、「白紙に戻しての発想」からしか生まれてくることはありません。「イノベーションとは、異次元の発想であり、異次元の技術、製品を生み出すこと」、そして、「そこから大きな飛躍が生まれるということ」は知っておいていいのではないでしょうか。

ほとんどが運命、けど肝心なところは人間に任せられている

精一杯、努力をしたにもかかわらず、うまくいかない時があるものです。ふと隣を見ると、楽々と成果を上げているような人がいる。なぜこのようなことになったのでしょうか。努力が足りなかったわけではない。そうとうな努力をした。自分が振り返ってみても、よくやったと思う。それとも、運命というものがあるのだろうか。いかに努力をしても、運命ということで、努力は意味がなかったのだろうか。私たちは、時として、そのような思いを抱いたこともあるのではないでしょうか。

「今日までの自分を考えてみると、やはり90パーセントが運命やな。電気の仕事をやるにしても、わしがもし大阪でない、別のところにいたらどうであったか。電車を見ることもなかったから、電気の仕事をやろうと閃くこともなかったやろうな。たまたま大阪にいた。そ

して、大阪の街を走っていた電車を見て、ああ、これからは電気の時代だと思った。だから、電気の仕事をしようと。それで自転車屋の丁稚を辞めて、大阪電灯会社（現・関西電力）に勤めた。そして自分で電気の仕事を始めたわけや。たまたまや。大阪におったことは、偶然や。そこで、電車を見た。それが結果的にはいまの自分になったということは、運命やな。確かに、人間はほとんどが運命だと、つくづく感じるな。そういう幸運に、わしは心から感謝をしておるよ」

そのような考えに反対する人もいるでしょう。人間には運はない。すべてが、その人の努力と実力である。努力が人生のすべてを切り開くのだ、と考える人もいると思います。そこまで言わずとも、努力が大きい、運命はごく小さいと考える人も多いのではないでしょうか。そういう考え方をすると、人間は努力すれば必ず成功する、ということになります。しかし、現実は決してそうではありません。人生、すべて己の意のままに動かせるということはあり得ないと思います。

成功するためには努力しなさい、という。そして、一生懸命努力をしたとしましょう。しかしながら、あの人と同じように努力した、それなのにあの人は成功したが、自分は成功しなかった、そういう場合もあります。決して努力が足りなかったとは言い切れないのに、失敗した、うまくいかなかったという場合、それは、一つの運命として考えるしかないのではないか。そこには、やはり人間は、それぞれに、一つの運命を担っていると考えるべきではないかと思います。しかし、それならば、結局は運命なんだ、運命で決まるのだ、努力しても仕方がない。汗を流さなくてもいいと考えるとすれば、それもまた、間違いではないかと思います。

「運命が90パーセントだ、ということは、残りの10パーセントが人間にとっては大切だということや。いわば、その10パーセントが自分に与えられた人生を、自分なりに完成させるか、させないかという、大事な10パーセントということや。ほとんどは運命によって定められているかもしれんけれど、肝心なところは、人間自身に任せられていると考えるべきではないかと」

日本人として生まれたのも、この時代に生まれたのも、決して自分の意思ではありません。生まれた家も、環境も、いわば運命でしょう。もっと恵まれた環境に生まれていれば、と思いたくなる時もあるかもしれません。しかし、松下幸之助さんは、ほとんど、なにも持たない境遇の中から出発して、大きな成功を収めました。

「例えば、船があって、自分が大きい船か、それとも小さい船か。それぞれの人にとって、それは一つの運命かもしれんが、肝心の舵のところは、人間に任せられている、ということやね。無事にその船が大海を渡り、目指す港に着くことが出来るかどうか。残りの10パーセントが、その舵の部分であるということやな」

鷹がスズメになろうとしても、スズメが鷹になろうとしても、それは運命であって、変わることは出来ません。そこは見極めなければならない。しかし、鷹は鷹なりに、スズメはスズメなりに一生懸命生きる努力はしなければいけない。そこに、鷹は鷹なりの、スズメはスズメなりの成功を得ることが出来る。それぞれがそれぞれなりの成功をする道も開けてくる。運命と努力とはそういうものであると、松下さんは考えていたようです。

「だから、運命が90パーセントだから、努力しなくていいということにはならんわね。けれども、努力したから必ず成功すると考えてもあかん。しかし成功するには必ず努力が必要なんや。つまり、舵となる10パーセントでの人事の尽くし方いかんによって、90パーセントの運命の現れ方が異なってくる。生き方次第で、自分に与えられた運命をより活かし、活用出来るというわけやね。ま、鷹で生まれて鷹の能力を発揮せずして失敗するより、スズメで生まれてスズメの能力を発揮して、スズメとして成功するほうが価値があると、そういうことやね」

自分の人生には、どうにもならない面があるとは言え、お互いにとって大事なのは10パーセントの部分において、精一杯の努力をするということです。そう理解していれば、自分に与えられた人生を謙虚に受け入れ、鷹は鷹なりに、スズメはスズメなりに懸命な努力をしながら、坦々とした心持ちで、大道を行くことが出来る、力強く歩いて行くことが出来ると思います。

どの人も王者だという考え方が大事や

松下幸之助さんの言うように、「人間は偉大である、王者である」という見方に立てば、お互いに尊重し合い、敬意を払い合うようになるはずです。あなたは素晴しい、あなたは私にない能力、才能を持っている、と思い接すれば、相手も、あなたのことを立派な人だ、優れた人だと思うはずです。しかし、「人間は、卑小な存在、つまらない小さな存在である」という考えに立てば、周りの人に対してもこいつはダメだ、つまらん奴だ、アホじゃないか、と馬鹿にしたくなるでしょう。しかし、考えてみてください。ダメだ、アホだと小馬鹿にしているあなたに、そういう周りの人たちは協力するでしょうか。あなたに、心から心服し、心酔するでしょうか。

「ええか、きみ、経営をしておっても、どの人も王者だという考え方を根底に持っておらんとあかんよ。そこが大事やで。社員の誰に対しても、ああ、この人は素晴しい存在なんや、お客さんに対しても、道行く人に対しても、立派な人や、偉大な能力を持った人なんやと思わんといかんね。それを、この人は、たいした人間ではないとか、昨日入ってきた新人や、なんも知らん社員やとか、あるいは力のない、つまらん人やとか、そういう考えで社員と話をしたらダメや。むしろ、部下が偉く見えると、そういう気分にならんとな。人に接する時にも、服装が粗末やとか、肩書がどうのとか、そういうふうに考えるのは貧弱や。その人の、その本質を見て、この人は、すごい人やなあ、高い能力を持った人やなあ、私にはない力を持った人やなあと。人間誰でも偉大な存在、人間誰でも王者だと思えば、そう思えるわけや」

人間は王者である、偉大な存在であると考えれば、「そうだ、この人に意見を訊ねてみよう」、「この人の話を聞いてみよう」ということにもなります。あるいは、この人に仕事を任せても、しっかりとやってくれる、熱心に取り組んでくれるという気持ちになります。そうすれば、その人も、信頼に応えて、期待以上の働きをしよう、成果を上げようと思うでしょう。発想の根底にこうした、「人間は偉大な存在」という人間観。「人間の尊厳を最重視しなければならない」という人間観がないと、口先だけの、頭で考えただけの薄っぺらい経営しか出来ないし、深淵な経営理念も生まれてこないと思います。また、こうした人間観を持たずして、相手に「あなたを信じています」とか、「信頼しています」とか言ってみても、その言葉が贋物（にせもの）であり、本物ではないことは、すぐに露呈されてしまうでしょう。相手をつまらないと思って、それで、その人を信頼するということはあり得ません。

松下さんの創案した「衆知経営」も、「全員経営」も、「提案制度」も、「事業部制」も、いわゆる「水道哲学」も、この松下幸之助という人の人間観、哲学の上にはじめて成り立っているもので、単に、経営に役立つ、商売に役立つからという程度の発想ではないということは断言しておきたいと思います。すべての松下思想は、松下さんの、この「人間観」から生み出されたもの。松下さんの人間観を語らずして、松下さんの経営を論ずることは、コーヒーの粉を入れずに、コーヒーを論ずることと同じ。松下幸之助さんの経営も、そして成功も、すべては、この松下さんの人間観から出発しているということは、ぜひ、記憶しておいてほしいと願います。

もし松下さんと同じことをやったとしても、この人間観がなかったとすれば、最終的には、まったく正反対の結果を招くことになると思います。周囲の人は感動する代わりに不快になり、自分の日々の積み重ねも徒労となり、その結果も悪い方向へと進むこと、多言を要さないでしょう。

「経営者にとっていちばん大事なのは、この人間観やな。人間をどうみるか、どう捉えるか。そこをきちっと押さえたうえで経営を進めんと、大きな成功は得られないと思う。すべての経営の出発点はここからやで。きみ、ここはしっかり覚えておかんとあかんよ。まあ、この人間観は経営における第一ボタンやな、早い話が。最初のボタンを掛け違えると、最後のボタンははめられん。結局、きちんと服が着れんのと同じやわな」

経営のみならず、人生においても、どのような人間観を持つかということは、いつの時代にも求められるものです。そのことによって、成功の成否が決まる。成功の秘訣は、人間観を持つこと、それだけでなく、どのような人間観を持つかにかかっていると言っても過言ではないでしょう。

第四の条

育てる衆知

きみ、なかなかいい声しとるなあ

松下幸之助さんのそばで仕事をするようになってから、確か二〜三年した頃に、アメリカからハーマン・カーン氏が来ることになりました。「日本に行くからには松下さんに会いたい」ということだったようです。それならば会いましょうということになったのですが、そのハーマン・カーン氏に会う一週間か一〇日ほど前になった頃、松下さんと雑談をしていると、突然に、「今度、ハーマン・カーンという人がやってくるんやけどな、きみ、どういう人か知ってるか」。

唐突な質問でしたが、私はなんの躊躇もなく、立て板に水で、巧みに答えることが出来ました。

「ハーマン・カーンという人は、アメリカのハドソン研究所の所長で、未来学者です。そして21世紀は日本の世紀だと言っている人です」。なぜ即答出来たかと言えば、当時、我が国の政治家が、このハーマン・カーン氏の「やがて来る21世紀は日本の世紀になるだろう」という言葉をしきりに引用していたからです。いかに日本が発展したか、成長したか、私たち政治家の政策は間違っていなかったとばかり、日本の成長発展が、あたかも政治家だけで成し遂げられたように喧伝する。私は、政治家の力もさることながら、それ以上に「国民総和の力」によるものが大きかったと思いますが、それはともかく、政治家の中には、そのような発言をし、新聞に載ったり、テレビで放映されたりしていたからです。私は、突然の質問に即答出来た満足感を感じていました。よかった。いつもは、「ちょっと調べてきます」などと言ってモタモタしているのが、今回は、すぐにきちんと答えられて、よかったと、安堵の気持ちでいっぱいになりました。

松下さんは、私の、そのような答えに軽く頷きながら、「そうか、分かった」と返事をしてくれました。私はおおいに満足して、その日の午後は気分よく過ごしたことを覚えています。ところが翌日に、松下さんと話をしていると、再び、「きみな、今度、ハーマン・カーンという人が、会いに来るそうやけど、どういう人か、きみ知ってるか」と訊く。えっ? と思いました。昨日、松下さんは同じ質問をした。どういうことか。質問したことを忘れたのか。そう思いつつ、昨日と同じ答えを繰り返しました。「ハーマン・カーンという人はアメリカの人で、

21世紀は日本の世紀だと言っている、ハドソン研究所の所長です」。それ以上のことは知りませんでしたし、私はそれで十分だと思った。その答えに松下さんは再び、「ああ、そうか」と答えました。やはり、昨日、私に質問したことを忘れていたんだな。まあ、そういうこともあるだろうと思いながら、話題は別のことに移っていきました。

ところが、さらに、翌日も京都の私邸のサロンで話をしていると、またもや松下さんは、「今度、アメリカからハーマン・カーンという人が来るそうや。きみ、どういう人か知ってるか」と聞くのです。三度目の同じ質問に、私の心の中は不満が広がるばかりか、憤りすら感じました。なんということか。いかに私が一社員の若輩であっても、もっと真剣に訊ね、覚えておいてほしい。ずいぶんと、いい加減に聞いているのではないかという思いが、心の中で渦巻きました。たぶん、私のことですから、表情も憮然としていたのではないかと思います。

松下さんは、そういう私の表情もさほど気にかけない様子で、さらにもう一度、「きみ、知ってるか」と繰り返す。繰り返されれば、なにか答えなければならない。答えなければならないのですが、これまでの答えしか持ち合わせていませんので、「ハーマン・カーンという人はアメリカのハドソン研究所の所長で、未来学者で、21世紀は日本の世紀になると言っている人です」。私は、判で押したように同じ答えをしました。松下さんは、私の三度目の、まったく同じ答えに対しても、さほど表情を変えずに、「うん、そうか。そういう人か」と言いました。

しかし、私の気持ちは、おさまりませんでした。なんということだ。これが一週間をおいて質問されるというのなら、まだ納得出来る。しかし、三日も続けて同じ質問とは、どういうことか。この人は、社員の育て方がうまいとか、部下の使い方がうまいとか言われているが、上手でもなんともない。いい加減にしてほしい、というのが、私の正直な気持ちでした。その日の午後はうっとうしい、気の重い半日でした。ぐるぐると頭の中、心の中で怒りが渦巻く。いくら私が若造でも、いくら私が新人のような者でも、聞くなら聞くで真剣に聞いてほしい。私が、しっかり答えているのだから、ちゃんと覚えておいてほしい。明日もう一度同じことを聞いたら、ひと言、この三日間、お答えしていますが、と入れて、答えてやろう、などというようなことを思い続けていました。

ところが、夕方、松下さんが、車に乗って、帰る、その車を見送っている時、どうして、そう思ったのか、いまでも分かりませんが、うん？　ちょっと待てよ。この三日間、松下さんは、同じ質問をする。そして、私は、最初と同じ答えを繰り返している。いや、ひょっとすると、松下さんは、自分が質問したことを忘れているのではなく、その質問に対する私の答えが不十分だから、何度も同じ質問をしているのではないか。もっと詳細を聞きたい、もっと詳しいことを聞きたいということではないのか。そうだ、きっとそうなのだ、と思ったのです。

私は、すぐに書店に直行しました。棚を捜して、ハーマン・カーン氏の書いた、『西暦２０００年』という６５０ページの本を見つけると、私費で買い求め、急いでＰＨＰ研究所に戻り、自分の席に着く間も惜しんで読み始めました。しかし、６５０ページ。相当分厚い本。２、３時間で丸ごと精読することは不可能です。飛ばしに飛ばして走るように読んでも、それでも、なかなか読み進みませんでした。

ハーマン・カーン氏がどのような人物か、どういう経歴の人か、どういう考えで、どういう主張を持っているのか。なぜ、21世紀は日本の世紀と言っているのか。そのようなことを、記録用紙3枚ほどのメモにまとめ上げた。夜、飛ばし読みしながら、拾い読みしながらの作業でしたが、夜中の1時半前後まで、7時間ほどかかりました。うん、これでいい。これだったら20分ぐらいで、報告が出来る。午前中どころか、朝一番に聞かれても、すぐに詳細に答えられる。十分にとは言えないまでも、いままで以上には答えられるだろう。そう思うと、いささか心躍る思いでした。さあ、1時半も過ぎている。仮眠しようと応接室のソファに横になったのですが、集中して頭を使ったあとは、目が冴えて、なかなか眠ることが出来ない。

それならば、と起き上がってカセットのテープレコーダーを持ち出し、先ほど記録用紙3枚にまとめたものを、録音することにしました。しかし、朗読の専門家どころか、なにせ素人のすることですから、そうスムーズに、一回で録音出来るわけもありません。森閑とした真夜中に録音を始め、結局、明け方の4時半までかかって、どうにかこうにか、そのメモの録音を終了することが出来ました。


朝、松下さんに会うまで2、3時間の仮眠をとりました。さすがにというか、先ほどまでの作業が終わった安心感と、多少の疲れも出てきたのか、うとうとして、気がつけば、6時半を回っていました。わずか2時間ほどの睡眠でしたが、私は一向に眠いという感じはしませんでした。それよりも、松下さんが、今日もどうか「ハーマン・カーンという人を知っているか」と訊いてほしいという思いでいっぱいでした。時折、背広の内ポケットに入れた3枚の記録用紙を確認し、確認しながら、もう一度、訊いてほしいと心の中で呟いていました。もちろん、カセット・テープは、上着の右側のポケットに潜(ひそ)ませていました。

松下さんが、来ました。さあ、訊いてください。どうぞ、訊いてください、と心の中で呟いても、松下さんは、まったく別の仕事の話、指示などの話ばかり。なかなかハーマン・カーンが出てこない。私は、何回聞くのだろうという、昨日の不満の気持ちはどこへやら、どうぞ、訊いてください、ハーマン・カーンさんとは、どのような人か、一度だけでいいから、もう一度、訊いてください、訊ねてくださいと思い続けていました。「忙しくなりますね」、「外国人のお客様がおいでになりますね」と水を向けてみたりしますが、「うん、うん」と言うばかり。そうこうしているうちに、お昼になりました。

お昼ご飯が運ばれてくるまでの、10分ほどの間でした。雑談をしていると、突然に松下さんが、「今度な……」と、そう言いかけたとたんに私のほうから思わず、ハーマン・カーンという人が来るんですよね、と言ってしまいました。思い出すと、つくづく私も若かったと思います。

「そや。きみ、その人どういう人か知ってるか」

そう聞かれた時の嬉しさを、いまでもはっきりと記憶しています。嬉しかった。昨日までの憮然とした気持ちとは打って変わって、心躍る気分というか、とにかく、嬉しかった。すぐに、内ポケットから、深夜までにまとめたメモを取り出すと、丁寧に、確かめるように説明しました。20分ほど、説明、報告したと思います。松下さんは、出てきた昼食に箸もつけずに、じっと聞いてくれていましたが、私の説明が終わると、にっこり笑って、「うん、よう分かった、よう分かった。きみ、ずいぶんと偉い先生やな。21世紀は日本の世紀だということも、いろいろな前提条件があるということやね」と頷いてくれました。

昨日までは一回だった「分かった」が、その時は二回、「よう分かった、よう分かった」と言ってくれたことを印象深く覚えています。その午後、私は感激し、心軽やかに過ごしました。そして、夕方。松下さんが帰りの車に乗り込む時、ふと、気がつきました。私が、録音したカセット・テープを、まだ渡していないことを。上着のポケットから、テープを取り出し、車に座っている松下さんに手渡しました。「今晩、時間があれば、どうぞお聞きください」。「ああ、そうか」と、松下さんは無造作にテープを受け取ると、車のひじ掛けのところに置きました。あそこに置いたら降りる時に忘れるだろうな。たぶん今晩は聞いてくれないだろうと思いました。とは言え、今日、報告出来たという満足感、徹夜の努力が報われたという喜びで、テープのことは、すぐに忘れてしまいました。

翌朝、松下さんの車がやって来ました。いつも私が車のドアを開け、顔を合わせて「おはようございます」、「おはよう」という会話をします。ところがその朝、私が、「おはようございます」と挨拶しても、松下さんは、なにも言わずに黙って車を降りてきたのです。瞬時、今日は機嫌が悪いのだろうか。昨日はそうでなかった。夕べ、なにかあったのだろうか、などと、取り留めもないことを思い浮かべていました。それどころか、車から降りると、私の真正面に立ち、そして松下さんは、私の顔をじっと見つめたのです。ほんの15秒か10秒ぐらいの短い時間でしたが、私には、それは10分にも15分にも感じられる、当惑の時間でした。なんだろう。どうしてなのだろう。緊張で私の頭の中は真っ白になっていました。なにを言われるんだろうか。

しかし、その一瞬の間をおいて、松下さんは私に、こう言ったのです。「きみ、なかなか、いい声しとるなあ」。その言葉を聞いたとたん、私は不覚にも涙の出る思い、胸詰まる思いがしました。「テープを聞いたよ」とか、「きみの説明、分かったよ」ではなかったのです。「きみ、いい声しとるなあ」という言葉には、「よく気がついた」、「よく調べてくれた」、「しっかりした内容も報告してくれた」という、「すべて」が含まれていたのです。少なくとも私にはそう思えたのです。そのようなことは以心伝心、はっきりと分かるものです。私の吹き込んだテープを聞いてくれた。聞いてくれただけではなく、その努力を、気づきを認めてくれた。それだけではない。内容も評価してくれた。「きみ、なかなか、いい声しとるなあ」という松下さんの言葉から、そのような思いと心が、私に伝わってきたのです。

感激しました。心の中で、涙が流れました。そして、大げさな言い方になってしまいますが、「この人のためなら死んでもいい」。ほんとうにその時、若い私は、そう思いました。

しかし、私はここで、感激したということだけを言いたいのではありません。松下さんが、同じ質問を繰り返し繰り返し、私にしているということ。それは、すなわち部下の答えが、いいか悪いかよりも先に、「この社員を育ててやろう」ということを優先させているということです。だから、すぐに、「そんな答えではダメだ」とは言わなかった。言えば、それは松下さんにとって簡単でしょうが、人を育てるという観点からすれば、「部下自らに気づかせること」、「部下本人が問題解決の方法を考えること」。それが、部下育成の一番に重要なことだからです。何回も同じ質問をしながら、私が気づくことを、根気よく、叱りもせずに、時間の許す限り、待ってくれた松下幸之助さん、「気づきの教育」をしてくれた松下幸之助さんに、いまでもこのことを思い出すたびに、感謝の気持ちでいっぱいになります。

同じ質問を繰り返す。繰り返しながら、「部下が自分で気づく」まで根気よく待つ。「それはダメだ」、「そんな答えは、答えになっていない」、「お前は役に立たない」。松下さんは、二三年間、そばで過ごした私に、ただの一度も、そのような言葉は言いませんでした。私が気がつくまで、自覚するまで、根気よく訊ね続ける。繰り返し、話をする。松下さんには、そのように常に、若い者や部下を育てたいという、根本愛、強い思いがあることを、その後、私は明確に感じ続けました。

そやなあ、まあ、しばらく置いておこ

「気づきの教育」は、ハーマン・カーンという人の時だけではありません。松下幸之助さんの部下を育てる、その基本が部下に気づかせるということであったという、もう一つの話をしてみたいと思います。

「『PHPのことば』という、わしの書いた本があるやろ。その改訂版を出したいと思うんやけど、ずいぶんと前に出した本やから、一部修正したり、書き直したりせんといかんところもあると思うんや。きみ、すまんけど、読んで、そういうところがあれば教えてくれんか」

松下幸之助さん自身の考える「人間観」の勉強会を二人だけで始めて、三週間ほどたった頃でした。私は松下さんから、そのような指示を受けました。しかし、その「人間観」の勉強会

は、私にとっては相当厳しいものがありました。なにせその場が座敷で、松下さんが端然として正座をしていますから、私も正座をする。当然、正座に慣れていませんから、足が痺れ痛く、感覚さえなくなる。7月の初旬から始まりましたから、暑い。電器メーカーの大将の私邸の座敷にもかかわらず、クーラーはありませんでした。汗が背中を流れるというほどの暑さでした。加えて、座敷の周りの縁側のガラス戸はすべて開けられていましたから、庭の蝉の声がどうにもうるさい。その中で、松下さんに聞こえるように、大きな声で原稿を読まなければなりません。

毎日、朝から4時間前後、お昼からも4時間前後ですから、次第に喉が痛くなるばかりか、眩暈（めまい）がするほど。まさに、「痛い」、「暑い」、「辛い」という三重苦と闘いながらの日々。さらに、その日に言われた指示をその晩に仕上げ、翌朝、報告をしなければなりません。毎日、帰宅は、夜の9時、10時でした。そのように、毎日多忙を極めていた私は、どうしてこんな時に、「改訂版を出したい。ついては、どこを修正、訂正したらいいと思うか、読んで教えてくれ」と、そのようなことを私に指示するのか、毎日が大変だということは、松下さんもご存知のはず。別の人に指示すればいいのに、と正直、憮然たる思いでした。しかも、「いつまでにやればいいでしょうか」と訊ねると、「そうやな。なるべく早いほうがええな」という返事。

私が松下さんと、毎日、毎日、「勉強会」をし、毎晩、遅くまで仕事をやっているのを承知のうえで、なんという仕事の与え方か。人使いの名人と言われる人が、こんな指示を出すのか、どこが名人なのか。ふつふつと心の中では不満の火がくすぶっている。しかしやむを得ない。やらなければ仕方がない。そう思いました。

『ＰＨＰのことば』という書物は、松下さんが、昭和28（１９５３）年に上梓したものです。人間や社会の、よりよき繁栄、平和、幸福を実現するための理念と方策について、松下さんなりの考え、哲学を凝縮し、まとめたもので、「繁栄の基」、「人生の意義」、「自然の恵み」、「調和の本質」、「人間の目的」など40項目、４００ページにおよぶ大著です。その『ＰＨＰのことば』に、それから一週間、毎日、徹夜同然で取り組みました。

なにせ戦後間もない頃の著作ですから、時代が違う。状況が違う。言葉遣いも違う。いろいろと書き加えなければなりませんし、書き直し、あるいは言葉の説明も書き加えなければなりません。読んで感想を、とでもいうのでしたら、多少手抜きをしてパラパラと拾い読みするだけでもまとめ、報告することは可能でしょう。しかし、改訂版となると、そうはいきません。一字一句、丁寧に、自身で確認しながら読んでいかなければならない。一生懸命、努めて早く読んでも、やはり一週間はかかりました。

ようやく、一週間後の夜中に、読み終え、手を入れ、作業を終えた私は、翌朝一番に、松下さんに改訂作業を終えたことを報告しました。

「そうか、聞かせてもらおうか」。その日は午前中、勉強会を中断して、『ＰＨＰのことば』の、改訂版の私案について説明しました。「ここは、前のページにこう書いてありますから、表現を合わせたほうがいいと思います」とか、「この闇市という言葉は、いまの人には分かりません。こういう説明を入れたらどうでしょうか」などと、私の感じたところを一つひとつ、話をしました。「うん、うん、そうか、そうか」と丁寧に聞いていた松下さんは、私の報告が終ると、「これでいい、これでいい」と納得したように頷いてくれました。私は、徹夜同然の検討作業が報われたと思いつつ、「それでは改訂版の手配をしましょうか」と松下さんの指示を仰ぐと、その返事は意外なものでした。

「そやなあ、まあ、しばらく置いておこ」。瞬間、改訂版を出すから、読んでくれと言われたではないか。なんということか。忙しいのを承知のうえで急がせて読ませておきながら、そのままにして置こうとはどういうことか。私は、その時、無性に腹の立つ思いでした。

しかし、それから間もなくして私は、松下さんと「会話」している自分に気がついたのです。それまでは「はい」、「なるほど」、「分かりました」、「確認します」程度のことしか言っていなかった私が、なんと、松下幸之助さんと会話し、議論している。ハッと私は分かったのです。そうか、そうだったのか、と合点すると同時に、松下さんの思いやりに深く感謝の念を抱きました。

そうです。おそらく松下さんは、私を相手に、「人間観」の検討を続けながら、「江口は頼りないな、わしの考えを、あまりよく理解していないな」と思い、私の応じ方に不足を感じていたのだと思います。それを言わず、『ＰＨＰのことば』の改訂版を出したいから読むように、と指示すれば、言われた私のほうは、一字一句読まなければならない。そうすることによって勉強させてやろう、という松下さんの配慮に、遅まきながら気がついたのです。私は、腹を立てた己の愚かさに恥じ入りました。これも、松下さんの「気づきの教育」ということでしょう。

確かに、松下さんは直接、「きみ、もっと勉強せいや」と言ってもよかった。怒るほうが簡単です。「わしの考えを理解していないから、もっと勉強せよ。『ＰＨＰのことば』を読め」、さらには、「きみでは役に立たんから、別の人間と代われ」と言うことも出来たはずです。ＰＨＰ研究所の研究本部には優れた研究員が多くいました。代わりの人間は、いくらでもいました。しかし松下さんは、そのように言わなかった。「もっと勉強しろ」と言えば、たしかに部下はそれなりに勉強するでしょう。しかし自分から進んで勉強することに比べたら、結果が数段落ちることは目に見えています。自分で考える必要がありませんから、その指示通りにすればいい。部下の自主性は生まれてきません。部下自身で課題を解決することが身につきません。受け身の人間になっていきます。

ところで、松下さんが、上からものを言って人を動かそうとしなかったのは、「人間はすべて誰もが、無限の価値を持った尊い存在」という「人間観」に基づいていたからです。ですから、その人間の無限価値を引き出すためには、工夫して、部下に自得させる。それによって、この部下は、もっと優れた人材に育ってくれるだろうという気持ちが、松下さんの考えの根本にあったのだと思います。とにかく、部下を育てたいという、強い思い、心が松下さんにあった。あったがゆえに、部下の無限価値を引き出し、部下の自主性を引き出す知恵、部下本人に気づかせる、考えさせる知恵、すなわち、何回も同じ質問をしたり、改訂版を出したいからと言ってみたり、なにげなく部下に勉強をさせたりする、そのような知恵が出てきたのだと思います。

部下に訊ねるという、こんな得なやり方はないなあ

「ところで、きみ、部下の話に耳を傾けるということは大切やで。部下の話を聞くと、えらい得するよ」。ある時、雑談の中で、そのような話をしてくれました。

確かに松下幸之助さんは、実によく部下にものを訊ねました。たいていの場合、身を乗り出し、相手の目を見て頷き、部下の話を聞く。そして、自分の分からないことがあれば、穏やかな表情で、ためらいなく訊ね返す。その簡単なことが、実に絶大な効果を発揮したのです。

松下さんの「部下にものを訊ねる」姿勢は、四つの利点を生み出すように思います。

第一に、「部下が勉強するようになる」ということです。というのは、常に上の立場の人から、ものを訊ねられる、あるいは聞かれるということになれば、部下は、はじめはさまざまな

思いを持つでしょうが、次第に、「それならば、日頃からいろいろと勉強しておこう」と考えるようになる。急に訊ねられれば、たいていの場合、うまく答えられない。それにもかかわらず、柔和な表情で、何度も、なにかと訊ねてくる。それが、繰り返されると、部下のほうも、「勉強をしておこう」、「日頃から、情報を集めておこう」、「今度聞かれたら、すぐに答えられるようにしておこう」などという気持ちになります。そして、勉強し、情報や知識、知恵を身につけようと努めるようになる。そうなれば、部下のレベルが上がる。育つ。部下に訊ねる利点とは、そういうことです。

二番目に、「部下がやる気を出す」ということです。上司が自分の意見に熱心に耳を傾けてくれて、そして、褒めてくれる。嬉しい。「ああ、この人は、自分を信頼してくれているのだ」、「自分の存在を認めてくれているのだ」と思い、ますます「やる気」になる。やる気になれば、仕事のやり方も、成果も、指示せずして部下自身が考え、予想以上の結果を出すようになる。それで、ますます勉強する。そして、上司が、折々に、意見を訊いてくる。求めてくる。すると、部下は、ますます信頼され、頼りにされているのだと思います。「信頼される」。それは部下にとって最高の喜び、感動になります。感動の渦が会社中に広がれば、会社は経営者、上司の想像以上に発展をするということになるでしょう。

三番目に、「容易に、情報を集めることが出来る」ことです。特に今日のような「超・情報化の時代」になると、いかにいい情報を集めるかということが重要になります。もちろん、情報収集には、自ら足を運んで話を聞くということが大切ですが、最善の方法は、走り回らず、動かず、坐して豊富な情報が集まってくることではないでしょうか。何度も、丁寧に、笑顔で、ものを訊ねていると、次第に部下が率先して、「こんな話がありました」、「こういう情報を入手しました」、「こんなアイディアはどうでしょう」と情報を持ってきてくれるようになるということです。「いや、この話は、社長に話してみよう。喜んでくれるだろう」と思うようになるからです。また、やる気になって、勉強し、あるいは、部下自身が最高と思う情報を、次から次へと持ってきて、聞かせてくれるのですから、こんなに得なことはない。松下幸之助さんが病気がちで、時には寝室から出られないことも多かったにもかかわらず、あれだけの巨大な企業を運営出来たのは、情報がどんどん集まってきたからです。そうです。銭形平次のガラッ八(ぱち)を持つことです。平次の情報源は、ガラッ八一人でしたが、松下さんの情報源は、常に数百人に達していたと思います。

四番目の利点、メリットは、「訊ねる上司は、尊敬され、慕われる」ということです。他人に訊ねることは、なにか引け目を感じる。まして部下に訊ねることは、上司としてのメンツ、威厳にかかわる、部下から軽く見られるなどと思う。それだけではなく、自分がいかに優れているかということを示そうとする。上司としての、そのような気持ち、矜持も分からないわけではありませんが、しかし、そのような部下への対応をすればするほど、部下は、いや、他人は離れていくものです。「偉そうに話をする」、「なにを威張っているのか」、「少しばかりの知識を振りかざして、なに様だ」などと、もちろん、部下は口には出しませんが、心の中では不満どころか反抗心を持つ。そういう上司は敬遠され、陰で批判され、罵倒されてしまいます。

しかし、上司が部下に、教えてほしい、助言してほしいと言っていると、部下は、「私の話を聞いてくれる」、「私を信頼してくれるいい上司だ」、「偉ぶらない素晴しい人だ」などと思う。そうなると、部下はその上司に親しみを感じ、感じるだけではなく、むしろ「われわれ部下の、社員の話をよく聞いてくれる上司だ、社長だ」、「優れた人だ、立派な人だ」、「自分が目標とする人だ」などと敬慕、尊敬されるようになります。すなわち、「部下に訊ねること」の、これが四つ目の利点、メリットだということです。

部下にものを訊ねると、部下が、自主的に勉強するようになり、成長する。部下がやる気を出し、仕事にいっそう精励するようになる。また、上司にとって、豊富な情報が集まる。そして、敬慕、尊敬される。部下にものを訊ねる。まさに、いいことばかりではないでしょうか。改めて、松下さんの言葉を思い出します。

「部下に話を聞くというのは、経営者として、こんな得なこと、ええやり方はないわな、早い話」

いい意見やなあ

「部下の話を聞く時に、心掛けないといかんことは、部下の話の内容を評価して、良いとか悪いとか言ったらあかん、ということやな。部下が責任者と話をする、提案を持ってきてくれる、その誠意と努力と勇気を褒めんといかんね」

私も社会的な問題から世間話まで、松下幸之助さんから、さまざまなことを訊ねられた。時には松下電器の社長人事にかかわる問題にまで話が及ぶことがありました。その種の質問には、おおいに戸惑いましたが、私なりに答えていました。しかし、いずれの質問に対して、私がどのような答え方をしても、前述しましたが、松下さんは一度も、「それはダメだ」とか、「それはつまらない」とか、「そういうことは、自分も考えていた」というようなことは言いませんでした。

どのようなことを言っても、松下さんには、役に立たない、つまらない答えを部下がしても、「うーん、なかなかいい考え方しとるなあ」、「いい意見やな」、「そういう考え方も出来るな」、「きみの話は面白いな」と、感心した様子を示してくれました。加えて、部下が報告に来た時、松下さんは忙しい時でも、「いま、時間がないから帰れ」とは、ほとんど言わず、時間が許す限り、体調が許す限り、その報告に耳を傾けていました。

そのように、松下さんは、他人に訊ね、話を聞くと、いつも、いたく感心した様子で褒めていました。松下さんに褒められ、感心された部下は、一般社員はもちろんのこと、先輩役員も、ベテラン社員も、喜び、満足し、「これからも、どんな情報でも、松下さんに持っていこう」と心に決めていました。自分が話を聞きたいのだという姿勢を見せれば、部下はどんどん情報を持って来てくれる。褒めて感心すれば、さらに情報を持ってきてくれる。松下さんは、そうして、病弱でありながら、身体を労わりながらでありながら、居ながらにして、一〇万人を超える社員の誰よりも、豊富な情報を手に入れていたのです。

部下からすれば、松下さんのところに行く。報告する。緊張の瞬間です。一生懸命報告した後、話をした後、「きみの話はつまらん」とか、「そういうことは以前やって無駄であった。きみ、調べてこなかったのか」とか、「もうそんな話なら分かっている。聞かなくていい」と言われたら、部下は、どう思うでしょうか。部下は、そのような上司のところに、二度と自発的に情報を持っていこうとは思わないでしょう。結局、情報が得られなくなる。部下から敬遠される。会社の衰退につながる。部下の話を聞かない責任者は、それだけで責任者として失格であると思います。このことは、なにも社長や上司など、責任者だけの話ではなく、通常の人間関係、人生においても、松下幸之助さんの「他人に、ものを訊ねる」姿勢は、おおいに参考になるのではないでしょうか。

松下さんが、部下の、例え内容のないような話や繰り返し聞いている情報も、丁寧に聞いていたのは、話の内容、情報に対する関心だけではありません。内容があるとかないとかという観点だけでなく、その報告に、その情報を持ってきてくれた人に対する感謝の思いがあったからだということです。内容より、時に、部下の「熱意」に耳を傾けていたということです。もともと、社長や上司などの責任者より、部下のほうがいつもいい提案、意見を出すようならば、部下のほうが優秀ということになりますから、そもそも責任者と部下は立場を入れ換えなければいけないのではないでしょうか。しかし、ほとんどの場合、そうではありません。ですから、部下の話は、何回かに一回いい提案があれば、それで十分。松下幸之助さんは、そう心得ていたと思います。

ですから、「内容より、部下が責任者のところへ話をしに来る、その、姿勢、行動を褒めんといかんのや。あんた、ようわしのところへ来てくれた、なかなか熱心な人や、と言うて、まずそれを褒めんといかんわけや。その部下が持ってきた話とか提案の内容は、早く言えば二の次でいい。そうすると部下は、それからなお、勉強して、どんどん責任者のところへ話とか情報とか提案とか、知恵を持ってきてくれるようになるんや。なんでもいいから部下に情報を持ってきてもらう。そういう考え、工夫をする。それが大事やね、早い話が」

ところで、初めの頃、松下さんが、私の話や意見に感心してくれますから、私は、「自分の意見が取り入れられた」、「採用された」と、内心喜んだものでした。ところがしばらくして気がついてみると、松下さんが、いざ実行に移す時には私の意見など、どこにも取り入れられていないのです。「なるほど」、「きみの話は、とても参考になった」などと言っていたのに、まったく採用されていない。「なんだ。あれは口だけで褒めてくれたのか。賛同してくれたのか」と思ったものです。しかし、そうではない。それは、それでいいのだということが、だんだん分かってきました。もちろん松下さんは、口先だけで、愛想で褒めてくれていたのではなかったのです。表面的には採用されていませんが、すべての人の意見や話が、松下さんの心の中では活かされていたのです。

松下さんは自分の考え方を推し進めていく時、多くの人たちの意見、話、考えを出来るだけたくさん聞く。すなわち、衆知を集める。その中には反対意見もありますが、しかし、見方を変えると、それは自分の進む道における落とし穴や水たまりを教えてくれているのと同じです。「それは、こういうところに問題点があると思います」、「それは、こういう理由で、おやりにならないほうがいいですよ」などと言われる。しかし、それは、とりもなおさず、松下さんが進もう、取り組もうとしている、解決しなければならない問題点、課題を教えてくれているようなもの。ですから、松下さんは、反対意見のほうこそ、丁寧に聞いていたということです。よく聞いておくことによって、危険を回避することが出来る。松下幸之助さんが、その事業において、生涯、大きな失敗をしなかったのは、このように多くの人たちに積極的に訊ね、耳を傾けながら経営を進めていった、いわば、「衆知経営」を実践したからだと思います。

むろん、松下さんの心の中で、最終的な結論がまとめられ、決断され、実行されるということになる。そして、実行が継続され、成功するまで続ける。ですから、成功するということです。松下さんの経営は、多くの人たちの意見を求める、参考にする経営。松下さん自身が言っていたように「衆知による経営」であったということです。念のために述べておきたいことは、「衆知経営」は、「多数決経営」とはまったく異なるということです。自分の考えをまとめたのち、「かたよらず、こだわらず、とらわれず」、素直な心で多くの人たちの意見、話を聞きながら、参考にしながら、最終結論を出す、ということです。ですから、松下さんの心の中で、あらゆる意見、提言、諫言、話が活かされているのです。ですから、熱心に聞くのです。

「衆知経営」は、経営者を必要とします。しかし、「多数決経営」は経営者を必要としません。皆が言っているから、あるいは、社員の多くが言っているから、世間がこう指摘しているから、学識者が論じているから、ということなら、経営者、上司、責任者は要らないでしょう。多くの人の話、意見、諫言、提言を、「思考の溶鉱炉」に入れて、最初の自分の考えを止揚（アウフヘーベン aufheben）する作業をする。そしてその結論を実行する。そこに、経営者、上司、責任者の絶対的責任が生まれる。これが松下幸之助さんの「衆知経営」だということです。

ここでまた、「ものを訊ねる」、その時の心構えという話に戻しましょう。松下さんは、よくテレビで「まげもん（時代劇）」を見ていました。そこで、先ほど、少し触れましたが、分かり易く銭形平次と、子分のガラッ八の関係にたとえてみましょう。ガラッ八が「親分、てえへんだ、てえへんだ」と言って、草履をはいたまま、バタバタと縁側から部屋に駆け込んでくる。すると、平次が、「なんでえ、なんでえ」と聞く。身を乗り出して聞く。だからこそ、ガラッ八は親分のところに情報をいち早く届けようとする。どういう情報か、その身を乗り出して聞く。ここが大事だということです。この瞬間、ガラッ八は、どんな情報でも親分のところに、少しでも早く届けようという気持ちになるのです。そうです。〝どんな情報でも持って来させるようにすること〟が大事なのです。

もし平次が「お前の持ってくる情報はつまらん」と言ったら、ガラッ八は来なくなるでしょう。もう、ああいう親分のところには行きたくない。そう思うのが人情です。親分が、ガラッ八に、そう思わせたら、おしまい。情報が来なくなる。情報が入らなくなります。あるいは、報告の前に、内容の善し悪しを部下自身が判断するようになってしまいます。すると、社長にとって、いちばん大切な情報が、部下によって選別され、漏れるかもしれないのです。部下には、つまらない情報でも、責任者にとっては重要なものがあります。情報は、責任者が判断すべきものだということです。

要は、情報の内容が役に立つとか、立たないということは、責任者が心の中で判断すべきで、部下の目の前で、その部下が持ってきた情報を吟味したりしないことが重要なのです。超・情報化の時代において、指導者にとって、責任者にとって、大事なことは、そういった、役に立つ、立たないはともかく、「ナマの情報」を持ってきてくれる、届けてくれる「ガラッ八」を、何人持っているかが大事なことになります。銭形平次の時代では、ガラッ八一人でも十分だったかもしれませんが、いまの時代では、一〇人、二〇人、いや、一〇〇人、二〇〇人の「ガラッ八」を持つ必要があるでしょう。あなたは、何人の「ガラッ八」をお持ちでしょうか。そして、それぞれの断片的な情報を組み合わせる構成力があるでしょうか。

「内容の吟味は責任者の心の中で、頭の中でやればよろしい。まあ、そういっても部下は部下なりに一生懸命考え、研究して提案したり、話をしたりするもんやから、そう的外れのものはないよ。経営者は、たくさんの話や知恵の中から、頭の中で知恵を組み合わせ、自分で考え抜いて、一つの結論を出し、決断をしていく。そうすれば、たいがいは間違いなく経営を進めていくことが出来るんや」

ところで、部下の話を聞いていると、他の人も言ったような、同じような話が出てくることがあります。あるいは同じ内容の話題が繰り返し繰り返し届くこともあります。これを、「またか」と面倒に聞いてはなりません。しかし、その繰り返しの話を、情報を聞くということはなかなか難しいことです。私自身も三回くらい同じ話が来ると、「あ、聞いた、聞いた」と、つい言ってしまったものです。分かっていても出来ない。相当の心掛けが必要だと実感しています。

しかし、実は、同じような情報が繰り返し入ってくるということは、それだけ多くの人が関心を持っていることなのです。いま、多くの人の関心がそのことにあるのか、ということが分かるというわけです。いま、世間では、これが話題になっているのだということが分かります。そう考えていれば、時に、新しいビジネスチャンスにつながる場合が出てくることもあるのです。

部下の話を聞くのは、根気がないとダメやな

「部下を育てるというのは、うん、それは根気がいるわね。うん？　育てるコツか？　よう分からんけどね。指導して指導せず、指導せずして指導する。まあ、そういうことや」

もともと、人材育成、人を育てるということは、時間がかかるものです。ご承知の通り、「一年の計は穀を樹うるに如くは莫く、十年の計は木を樹うるに如くは莫く、終身の計は人を樹うるに如くは莫し」（『管子』）という言葉があります。穀物を育てるのには、一年の計、木を育てるには十年の計、人を育てるには、一生の計と言われているほど、時間がかかる。根気がいる。それは分かっていても、なかなかそれだけ待てない。人を育てるということは、実感として実に難しいことだと思います。

私の場合は、松下幸之助さんと雑談する時間が多かった。その雑談の中で、私は育てられたと思います。雑談の大切さをしみじみ思い起こします。いま思えば、ずいぶんと根気よく、私を育ててくれた気がします。教育というものは、「夏の芝生の雑草とり」に似ていると思うのです。一度、雑草をとったから、もうその夏は雑草が生えてこないということはありません。雑草を抜いても、二、三日もすれば生えてくる。それをまた抜いていく。その繰り返しによって、芝生は、きれいな状態で維持されるのです。

教育も同じだと思います。一回教えたから、一回話したから、一回説明したから、もうそれで大丈夫だ、もう教育しなくてもいいと考える人がいるならば、教育というものが分かっていないのではないかと思います。繰り返し繰り返し、根気よく行っていく。その繰り返しそのものが教育であり、その根気が部下を育てる、人を育てるということにつながるのです。

「部下の話を聞く時に、根気がないとあかんな。聞くということによって、責任者は、いろいろ得をすることが多いけど、しかし、同時に責任者は聞きながら、きっとこの部下を育ててやろうという思いを持っておらんといかんね」

きっと育ててやろうという思いがなければ、根気よく聞き続けられるものではないでしょう。また、松下さんの経験によれば、一〇人の人がいれば、最初は、そのうち二人は松下さんの考えをすぐ理解してくれる。六人はまあまあ普通に理解してくれる。そしてあとの二人は自分の考えをどうしても理解してくれない。しかし、それが一般的な姿であったと言います。最初から一〇人が一〇人、すぐに理解し、育ってくれるかというと、必ずしもそうではない。ですから、責任者は、必要以上に悩み、あるいは腹を立てる必要はないということでしょう。だからこそ、全員の教育、すべての部下の育成には根気がいるというわけです。

とは言え、根気よく教育を続けるということは、実に大変なことです。雑談していても、「育てる」という思いを持っていなければならないのです。既述のように、松下さんは、私とずいぶんと雑談をしてくれました。「この前、テレビを観ていたら、こんなことを言う人がいた。わしは、いままで、あまり気にしなかったんやけど、えらいいい話をする。たいしたもんや」と言う。それは、その人の話をすることによって、私に一つの教育をしていたのでしょう。その人のようになれ、ということです。

あるいは、「けじめをつける。基本が大事だと、ある落語家が話していたけど、さすが落語界で第一人者として活躍しておる人は、それなりに心掛けというか、考えが違うわね。実に立派な人やな」などと言う。それは、私に、けじめをつけることとの大切さ、基本を大事にすることの大切さを、何気なく、さらりと雑談で教えてくれていたのでしょう。

のちに、私が、経営責任者となってからの体験、経験から言っても、その松下さんの「雑談による教育」、前述の「繰り返しによる教育」を模倣して、社員に対し心掛けたものでした。雑談の時は、部下はあまり緊張もせず、私の話を聞いてくれますから、よく心に沁み込ませてくれたと思います。いま、私はＳＮＳで、特にFacebookで、いろいろと楽しんでいますが、かつて部下であったＴ氏が、もう十数年前に私から雑談で言われたことを、私はすっかり忘れているのですが、彼のFacebookのページに、しばらく連載のように載せていました。彼だけではなく、いまでも多くの昔の社員と会うと、江口社長からこう言われた、こういう話をされた、とよく言ってくれます。そのように覚えてくれているのも、「雑談の効果」だろうと、密かに思っています。

とにかく、部下を緊張させ、「氷の心」、「岩石の心」にさせて教育するのではなく、くつろがせ、「スポンジの心」、「海綿の心」にして教育することが効果的ではないかと、私は、松下幸之助さんから学びました。

なにを考えて仕事をしとるんや

「きみ、いまから来いや!」。松下幸之助さんからの電話です。もう夕方、とうに5時を回っています。声の調子から、あまりご機嫌がよくないことが分かる。これはどうもよくないようだ。とにかくすぐに参上しよう、しなければならない。しかし、なにがあったのか。なにを叱られるのだろうかと、いささか動揺しながら思いを巡らしながら、松下さんのところへ向かいます。機嫌の悪い時に、グズグズしていては、松下さんをいっそうイライラさせ、怒りを倍加させるようなものですから、私は、取るものもとりあえず、書類も机の上にそのままにして、飛び出します。部屋の扉を恐る恐る、開けて入る。「こんばんは」と言っても、返事がない。松下さんはソファに座っています。そして、たいてい新聞を大きく広げていました。

「こんばんは、遅くなってすみません」と言う私を、いつもの笑顔はまったく見せず、眉間に皺を寄せた厳しい表情で、立ったままの私を見上げながら、「なにを考えて仕事をしとるんや。きみ、この頃、利益、利益、利益が大事と言うてるそうやな」と厳しい口調で言う。

いつもなら松下さんの座っているソファの隣に、なにも言われなくとも座り込み、やがて一緒に食事をする私でしたが、さすが、強い口調で切り出されると、座るわけにもいきません。立ったままで叱責を受けることになります。当然、いつもの食事も出てきません。激怒しているのです。厳しい言葉が次々に出てくる。

「なんで、きみは利益、利益と言っているんや。この仕事で、きみが正しいと思うことはなんやねん」。松下さんは利益第一主義ではありません。世間に、社会に奉仕すること、貢献することが第一。その奉仕、貢献の度合いに応じて、結果として利益は得られるものだという考え方。とりわけ、PHP総合研究所は、「世のため人のため、繁栄によって、平和と幸福を社会にもたらす考え方を、世の中に訴え、実現していくこと」を基本理念としていました。問いかけに対して、ぼそぼそと、そのような答えをする私に、「それが分かっておって、なんで、利益、利益と社員に言っておるんや。どういうことや」とたたみ掛けてくる。執拗に叱り続ける松下さんを見ながら、私は心の中で、これほど松下さんに激怒されるほど、利益、利益とは言っていない。

確かに、創設以来、一度も黒字になっていない会社。少なくとも利益が大事だと社員には訴えていた。しかし、利益が大事と言わなければ、いままで通りの赤字が続く。当たり前のことではないか。それよりも、誰が松下さんにこういう話をしたんだろうか、などと、頭の中でぐるぐると、そのことばかり考えている。と同時に、言い過ぎたのかもしれない。まず、社会に訴える、よりよい社会を築く考えを広めるということを、もっと強調すべきだった。相すまなかった、申し訳なかったと反省しながらも、なにもこんなにまで怒ることはないのではないか、という思いも湧いてきます。

確かに、松下さんの言う通り。しかし、いまはとにかく利益ではないか。また仕事には流れというものがある。必ずしも一貫したことばかりで仕事が進められるものではないし、やがてきちんと基本理念を社員に第一に話をします、というような弁明が、頭の中で、ネオンサインのように点いては消え、消えては点く。

そう弁明したいのですが、とても言えるような雰囲気ではありません。じっと立ち続け、聞き続けているうちに、チラリと時計を見ると、すでに1時間が過ぎている。もう終わってもいいのになあ、今晩は、ここで食事が出ないから、家で用意してくれているだろうかと、口では反省の弁を述べながらも、頭の中では他のことばかりを考えている。しかし、それを見抜いているように松下さんの叱責は、なお続くのです。言葉、内容は先ほどから、ほとんど同じことの繰り返し。もう黙って聞いているより他にありません。

しばらくして、また時計を盗み見ると、さらに1時間が経っている。これで2時間も怒られたことになります。その頃になると、怒り続け、叱り続けている松下さんを見ながら、叱責を受けながら、だんだん感動してくるのです。すごいな。歳は自分の半分の部下に、これほど一生懸命に叱る。注意してくれる。それが個人的な感情、私情に捉われてではないことが分かってきます。激しい怒りの言葉の奥に温かさ、やさしさが感じられる。ようやくその頃になると、鈍感な私も、自分が悪かった、ああいうところは、しっかりと押さえて、経営をしなければならないのだと、思うようになる。分かってくるのです。3時間近く経つと、松下さんからの叱責が、心から有難いと、感動すら覚えるようになりました。

「分かったか。もう、ええわ」。多少なりとも私が反省したのが分かったのか、呟く(つぶや)ように、そう言って、「もう遅いから帰れ」と松下さんが言う。夜の10時です。そのように厳しい叱責が、36歳で経営を任されてから二、三年間、年に三回くらいありました。その後は、ほとんど激しい叱責、激怒されることはなくなりましたが、とにかく、初めての時は、あまりの激しさに、頭が真っ白になったことを覚えています。

私は、講演を頼まれて、この話をすることがあります。そして、激烈な叱責に感動させられたという話をすると、「それでは自分も、うちの社員に同じようにやってみよう」と言われることがよくあります。ですから、急いで付け加えておきますが、松下さんの、このような叱り方を単純に模倣してはいけないということです。「松下幸之助」になったつもりで振る舞えば、逆に部下から軽蔑されると思います。なぜならば、松下さんには、人間に対する見方、考え方、すなわち、「人間観」が体内に構築されていたのです。人間の価値に対する絶対的評価があったのです。そうです。再三繰り返していますが、「人間は尊い存在である、偉大なる存在である」という人間観を前提にして、松下さんのすべての言動があり、したがって、その人間に対する見方、考え方があったうえでの激怒、叱責ですから、激怒され、叱責されている者も、なんとはなしに、激しい言葉に、「人間的温かさ、優しさ」が感じられるのです。よく、「松下さんは、叱り方がうまい」と言われていました。しかし、叱り方そのものになにかコツや技術があり、配慮や手心が加えられて、「うまい」のではありません。テクニックではないのです。そのような「人間観」のうえに立っての叱り方なのです。「人間観」が根底にあったからなのです。

松下さん自身が、私にそのことを話してくれたことを覚えています。松下さんが機嫌のいい時に訊ねたことがあります。「人を叱る時に、なにか配慮しながら叱るんですか。叱る時には、なにを考えて叱っているのですか」と。

「わしが部下を叱る時には、なんも考えてはおらんよ。なにかを考えたり、配慮するというようなことはないね。とにかく叱らんといかんから叱るわけで、この時はこういう叱り方をしようとか、考えて叱るということはないな。なんとしても育ってもらわんといかんわけやから、あれやこれや、姑息なことを考えながら叱ることはあらへんよ。第一、そんな叱り方したら、部下に失礼やろ。私心なく一生懸命叱る。叱ることが部下のためにも組織全体のためにもなると思うから、命がけで叱る。叱る時には、本気で叱らんと部下は可哀想やで。策でもって叱ってはあかんよ。けど、いつでも、人間は、誰でも偉大な存在である、人間は、誰でもが王者だという考えを根底に持っておらんとね」

松下さんの叱り方が激しいものであったにもかかわらず、結局はその叱り方に温かさと優しさを感じるのは、そうした松下幸之助さん自身の人間観。叱られながら、自分を認めてくれたうえで、激怒している、叱責していると感じられる。だからこそ、松下さんに叱られたことを自慢する当時の松下電器の幹部が多かったのだと思います。松下さんに仕え、のちに三洋電機の創業に参加した後藤清一氏などは、わざわざ、いかに松下さんに叱られたかを綴った、『叱り叱られの記』というタイトルで出版（日本実業出版社刊　1972）しているほどです。そのことが分からないから、世間から単純に、「松下さんは叱り方がうまい」と言われたのだと思います。

あなたは部下を叱って、さあ、何人の部下から、「有難たかった」、「勲章だよ」と感謝され、感動され、誇りに思われているでしょうか。

分かってくれたら、それでいい

「もう遅いから帰れ」と言われて帰る電車の中で、つい先ほどまで激怒され、叱られ続けたことが頭の中を駆け巡ります。やはり、私が悪かった、申し訳なかったという思いが胸に広がります。心が重くなる。もっと反省の気持ちを表現すべきだったのではないか。あれほど心を込めて叱ってくれたのに、心の中で言い訳ばかりを考えていた。このままにしておいていいのだろうか、どうしようかと思案しました。「そうだ、明日の朝早く、もう一度行こう。そしてもう一度、お詫びをしよう」と思いました。

翌朝、私は7時頃、松下さんの寝室を訪ねる。松下さんは、まだ眠っている時もありましたが、目を覚ますのをベッドのそばの椅子に腰かけて待ちました。やがて目を覚ました松下さんは、私が「おはようございます。早くから申し訳ありません」と言いますと、「えらい早いな。

なにか用か」と言います。

「いえ、昨日は申し訳ございませんでした。おっしゃる通りで、つくづく反省しました。今後、十分気をつけて、経営に取り組んでまいります。ご心配をおかけして、すみませんでした」と答えると、ベッドから身を起こしながら、にっこり笑って、「いや、分かってくれたか。それでいい。それでいいよ。まあ、あんまり気にせんでええ」と返してくれました。その瞬間、いっぺんにそれまでの重い気分は消えて、あとは朝食をともにしながら、笑顔で雑談、ということになります。

のちに私が経営責任者という立場に立った時、気がついたことがありました。それは、部下を叱った後の気まずさや心の重さは、部下だけが持つものではない、感じるものではないということです。

私も部下を叱ることがありました。感情的にならないように心掛けつつ、自分なりに一生懸命に叱る。叱責する。この部下のため、この部下の成長を願えばこそと思いながら叱ります。しかし、厳しく叱った後、「すみませんでした」と頭を下げて、私の部屋を出ていく部下の後ろ姿を見ながら、叱り方が激しすぎたのではなかったか、叱りすぎたのではないかと心が重くなるのです。気まずさが胸をよぎるのです。彼は、私の言うことを正しく理解してくれただろうか。分かってくれただろうか。「よく分かりました、申し訳ありませんでした」と言っていたけれど、ほんとうにうまく伝えられたのだろうか。叱った私の気持ちも、重く、憂鬱になることを実感したのです。

叱ることが好きだという人は、まずいないと思います。しかし、叱った後は虚しさがいっぱいで、砂を噛むような気持ちになります。時には夜、床に入り、横になってもなお、昼間の部下の顔が浮かんできます。きちんと理解してくれただろうか。しっかりと成長してくれるだろうか。

そう思っている時に、翌日にでも、部下が訪ねてきて、「昨日は申し訳ありませんでした、これから気をつけます」と言ってくれると、正直、ほっとしたものでした。そうか、やはり分かってくれていたのか、理解してくれていたのか、よかったと安堵しました。そういう思いをしながら、私が早朝、お詫びに行った時の松下さんの笑顔を思い出したこともありました。密かに、松下さんも私と同じ気持ちだったのかもしれない、と思ったものです。

ところで、あまり知られていないことだと思いますが、叱り方そのものだけではなく、叱った後の、松下さんのフォローの仕方にも感動し、感銘を受けました。叱責された、帰宅後の真夜中、松下さんから、ときに、電話がかかってくることもありました。とにかく、真夜中の電話は、松下さん。飛び起きて、すぐ受話器を取り、すぐに、「先ほどは申し訳ありませんでした。よく分かりました。以後、注意します」と言うと、「いや、分かってくれたら、それでよろしい。電話したのはな、きみに頼みたいことがあってな」と言う。その瞬間、私の心は踊る。軽くなる。それはそうでしょう。先ほど叱った、いわば私を「否定」した人が、今度は、「頼みたい」と「肯定」してくれる。嬉しい。感激する。さあ、松下さんのためなら、命惜しまず、などと思いました。

厳しい叱責も含めて、幾度も叱られ、そして幾度も電話をもらうことがありましたが、松下さんの、「きみに頼みたいことがある」という言葉に、何度も救われたような思い、そのたびに感激を、私は、心の中で味わったものです。

きみの考えたことをやろう

ある日の午前中、松下幸之助さんが「今度、これ、やったらどうかと思っとるんやが、きみ、どや？　どう思う？」と言う。「結構じゃないですか」、「きみもええと思うか」と、雑談していました。その午後、たまたま松下電器の某役員がやってきました。そして、なんと、先ほど、松下さんが、「これ、やったらどうかな」と言っていたことと、ほとんど同じことを、その幹部が提案したのです。私は、「そうそう、それ、さっき、松下さんが話していたことだな」と、後ろのソファに腰かけながら、心の中で呟きました。

じっと聞いていた松下さんは、当然、「それは自分も考えていたことだ」と言うのだろうと、私は思っていました。ところが、身を乗り出して、その役員の話を聞き、聞き終わると、「うん、その、きみの提案、いい考えや。それ、やろう。きみの考えたこと、すぐにやろう。うん、ええなあ」と言う。自分も考えていた、ということはひと言も言いませんでした。自分も同じことを考え、つい先ほど、私に話していたのですから、「わしもそう考えていたんや」と言ってもいい。しかし、松下さんは、そのようなことは、おくびにも出さなかったのです。

「きみの考えたこと」をやろうと言われたその役員は当然、自分の考え、独自の提案が採用されたと思う。思うから、「そうですか。やってくれはりますか」と喜んでいる様子が後ろ姿からも分かりました。加えて、松下さんが言いました。「その件については、きみが最高責任者となって、進めてくれや」。これには、「よろしいですか、私で」と、一層の満足が、声の弾んでいるので分かります。「自分の」提案が採用されるだけでなく、最高責任者。「よし、俺がやろう、自分の提案だ。責任を持って、ひとつやってやろう。成功させてやろう」。当然、そう思い、やる気を出している。その役員が帰る時、私の顔を見て「江口君、ご苦労さん」と、来た時とは、まるで違う表情で、上機嫌で声をかけてくれたことを覚えています。

考えてみれば、この場合、「わしも考えていた」と言えば、「あ、そうか。もう松下さんは考えていたのか」ということになります。自分の提案は独創ではなくなる。そう思ったところで、「きみが最高責任者になって」と言われても、「それは、松下さんでしょう」という気分になります。しかし、「きみの提案」と言われ、「きみの考え」と言われれば、提案した甲斐があり、また、自分が提案した以上は命がけで取り組み、成功させようと思うでしょう。

ところで、松下幸之助さんと接した人たちの全部とは言いませんが、かなり多くの人が満足し、感動していました。なにか特別の話があったわけでもないのに、それどころか厳しいことを言われたにもかかわらず、感激する人が多かったように思います。それは、繰り返し述べている通り、松下さんの「人間観」によるものだと思います。松下さんは、「人間は素晴しい価値を持っている」と考えていました。「人間には宇宙の動きに順応しつつ、万物を支配する力が、その本性として与えられている」という人間観。ですから、肩書で判断したり、老若男女で差別したり、学歴で区別したりするというようなことはしませんでした。肩書も老若男女も、学歴も、いわば「衣裳」のようなもので、その中身の「人間そのもの」、「人間の本性」を見つめながら、人と接していました。決して、人間を表面で、「衣裳」で判断するようなことはありませんでした。

ですから、松下さんは、昨日入ってきた新入社員にも、お茶を運んできた女性社員にも、電気製品の点検に来た男性社員にも、役員幹部にも、一般社員にも、あるいは、全国紙の記者にも地方紙の記者にも、誰に対しても、「この人は、人間としての無限の可能性を持っている、無限の価値を持っている。偉大な存在、いわば王者だ」という考え方で接していたと言えます。話をしていても、叱っていても、おのずと本質のところで、相手を高く評価していました。ですから、松下さんのいかなる言動も、相手は、「自分の人間性、人格、本質が評価されている」という、確かな実感を得ることが出来たのです。

その意味において、松下さんの言葉は、常に24金の「純金の言葉」であったと思います。メッキではなかった。純金の言葉であったからこそ、毎回同じ言葉であったとしても、一回話を聞いただけでも、そして、きわめて平凡な言葉でも、相手は感動したのではないか。しゃれた言葉を使うとか、専門用語や外来語を使うとか、そういうことはありませんでしたが、多くの人の心を、胸を打ったということです。根底にある、松下さんの「人間観」に学ぶならば、いかなる局面であろうと、松下さんと同じくらい、相手に感動を与えることが出来るようになるだろうと思います。

松下さんが亡くなってほぼ三〇年。松下幸之助本が再び、書店に並ぶようになりました。松下幸之助さんの哲学、経営観の、時代を超えた普遍性ゆえと思いますが、その内容は、書誌学的というか、文献を移しているだけという本がほとんど。講演も研修も、松下さんのエピソードからの引用、あるいは、一回の面談の経験を針小棒大に話す講師がほとんど。松下さんが、「これが自分だ、これをまとめたから死んでもいい」とまで言った「人間観」にまったく触れることなく、「松下幸之助」を語り、松下経営論をまとめている。話をしている。私はそのたぐいの本を、講演を、松下さんのその言葉を思い出しつつ、評価したくはありません。ほんとうに松下幸之助論、松下経営論を論じ、話し、記述しようとするならば、松下さんの「人間観」を、十分に理解したうえで、そこから出発する論文、著作、講演、研修であってほしいと、私は思っています。

わしは毎日、話をしたな

組織が一つの方向に力強く進むためには、経営者の考え方が社員に浸透していることが必要不可欠です。しかし、実際には、なかなか浸透しない。それでは、経営者は、どうすれば、自分の考え方、思いを部下に浸透させることが出来るのでしょうか。松下幸之助さんは、「大事なことは、訴えることである」とたびたび話していました。そして、

「その時、よう心掛けていないといかんことは、その訴える内容について、責任者がどれほどの思いを込めておるかということやね。まあ、重要なことだから、みんなに話しておこうか、という程度ではダメやな。そんな程度の気持ちであれば、一般の部下の人たちには、真意の10も伝わらんわ。100を伝えるために、100の思いで話をすればいいと。しかし、実際にはその程度の思いではあかんのや。思いがまだ足りんわけやね。部下に伝わっていく

うちに、しまいには5、いや、1ほどになってしまう。１００を一般の部下の人たちに伝えようとするならば、責任者は１０００の思いを込めないといかん」

溢れるばかりの思い、祈りにも似た情熱が込められた話し方をし、燃えるような、滾（たぎ）る思いで訴えなければ、その真意は、社内全体に、部署全体に伝わらないと言うのです。確かに、経営者が、上司が、それほどの熱意、思いで訴えなければ、いわば、トリクルダウン（水がしたたり落ちる）していくうちに、薄められ、時に消えてしまう、あるいは、「伝言ゲーム」のように、最後には、経営者や上司の真意、思いが単純化され、矮小化され、時に誤解されてしまうような状況になるのは当然かもしれません。

一度の話で理解しないのはけしからん、１００パーセントの話を１００パーセント受け止めていないのはけしからんと言っても、それが現実の姿。経営者や上司が話しても、しっかりと部下が受け止めていないと不満に思う経営者、上司にこそ、責任がある。経営者や上司が、それほどの思いを込めていないということにこそ、責任があることを自覚しなければならないでしょう。

社員が自分の話を十分に理解しないとこぼす経営者がよくいますが、経営者自身が、責任者自身が1000パーセントの思いを込めて、燃えるような情熱を持って、社員や部下の人たちに訴えているのかどうか、社員や部下に不満を持つ前に、今一度、振り返ってみる必要があるのではないでしょうか。思いつきで考えたこと、ちょっと考えていいと思ったこと、人に聞いて感心したこと、そのような程度で、社員や部下の人たちに話しているのなら、社員や部下にとっては、迷惑千万。経営で、仕事で、問題があるのは、たいていの場合、経営者や上司のほうであることは知っておいていいと思います。

松下さんの話は、まだ続きます。

「それから、繰り返し話をする、繰り返し訴えていくということも大事やね。繰り返すことが、経営者の考えを社員に浸透させることになるな」

年一回の方針発表会で、丁寧に話したから大丈夫だ、書類を回しておいたから理解しているはずだ、と、その程度で社員や部下の人たちに周知徹底することは不可能です。いや、自分は三回も四回も話をしました、それでもうちの社員はダメですという経営者、責任者の人もいるでしょうが、それでも伝わらなかったら、一〇回も二〇回も繰り返したらいいと思います。「人間は忘れる動物である」という言葉と高校生時代に出会ったことがありますが、それが普通。当たり前。とするなら、繰り返し、いろいろな機会で、いろいろな話題を混ぜて、経営者は、責任者は、社員に、部下に訴えていく努力をしなければなりません。

松下さんは若い頃、三年近く毎日、朝会で自分の考えを社員全員に話していたことがあります。10分間か15分間ほどだと思いますが、繰り返し繰り返し自分の考え、思いを訴えています。話題は、自分の経験したこと、昨日考えたことなど、その日によって変わっていますが、究極言わんとするところは、「貫く棒の如く」に変わらない。すなわち、自分の願い、思い。とは言え、毎日となれば、なかなか難儀なことだと思いますが、三年近くも毎日、話が出来たのは、松下さん自身の溢れんばかりの思い、訴えたい願い、社員に実行してほしい基本の考え方がなければ、続かなかったでしょう。

「とにかく、わしは毎日、話をした。そうすると、社員たちは、はじめはただ、そうですかあ、ということやな。けど、繰り返し話をしておると、だんだんと、なるほどそうかと。大将、えらい熱心やなあ。そりゃ自分たちもやらんといかんですなあ、ということになる。やがてしばらくすると、むしろ、社員のほうが一生懸命になって、大将、なに言うてますねん。そんななまぬるいことではあきません。わたしらについてきなさい。そう言われたことがある。ほんまやで」

繰り返し話をすることによって、自分たちのリーダーがいま、なにを考えているのか、自分たちは、なにに取り組まなければならないか、どういう方向で努力をしていったらいいのか、ということが社員や部下は自然に分かってきます。経営者の真意が十分に伝わっていく、上司の思いが十分に伝わっていく、ということになるのです。

松下さんは、もう一つ挙げて話してくれました。

「溢れるばかりの思いで〝訴える〟こと。そして〝繰り返し〟訴えること。そして、もう一つ大切なことはね、〝なぜ〟ということを話すことやな。ただ言いたいことや方針を言うだけ、ということではあかんわけや。どうして、こういう話をしているのか、この指示を出すのは、なぜなのか。責任者が〝なぜ〟を説明することによって、社員はその言わんとする全体を理解することが出来る。そうしないと、社員はその責任者についてこんで」

この「なぜ」を説明するということは、いまのような価値観多様化の時代においては、特に重要なことではないでしょうか。四、五〇年ほど前は、極端に言えば、ものを言わなくても、お互いが通じ合う、あるいは、お互いに察し合うことが出来ました。なぜなら、価値観がお互いに一致していたからです。世の中が複雑ではなかったからです。まさに「巨人・大鵬・卵焼き」。多くの国民の好みもほとんど一緒。一人がミニスカートをはいたら、おばさんまでがミニスカートをはく。ですから、俳優の三船敏郎さんの、「男は黙ってサッポロビール」というCMも、それでよかった。黙っていても、お互いが理解し得た単純価値観の時代でした。しかし、二、三〇年ほど前から違ってきています。むしろ、他の人と違うファッションをしたい。他人と同じことは敬遠する。一人ひとりの価値観、考え方が違う。いまは、さらに極端になっているのではないでしょうか。

だからこそ、経営者は、上司は、〝なぜ〟を説明する必要があるのです。そして、〝なぜ〟を説明するためには、責任者は自分の頭で十分に考えることが必要です。自分で考え抜きもせずに、思いつきや、受け売りの、自分がない話では、〝なぜ〟が説明出来ません。〝なぜ〟を説明出来なければ、いくら情熱を持って訴えても、繰り返し話をしても、社員は、部下は、この人、なにを言っているのだろうということになります。「なぜ、自分はこういう訴えを、話をするのか」という説明抜きにして、ただ単に大声で訴えるということだけでは、社員は、部下はむしろ離れていってしまうと思います。

①燃える思いで訴える、②繰り返し訴える、③なぜ訴えるのか、を説明する。この三つを繰り返さなければ、経営者の真意は社員には伝わらない。松下さんの経営経験から抽出された、これら三項目は、経営者たる者、上司たる者、心得ておくべきではないでしょうか。

従業員にいろんな人がいないとあかんわけや

松下幸之助さんは、「社員に、いろいろな人がいないとあかん」とよく言っていました。もし人間が、みんな同じ顔をして、同じことしかしていなければ、これは相当につまらない世の中、相当に気味の悪い世の中になる。いろいろな人がいて、いろいろな性格の人がいて、いろいろなことを考えて、いろいろなことをしているから、いいのではないでしょうか。誰ひとり同じ人間はいない。誰ひとり同じ顔の人はいない。誰ひとり同じ性格の人はいない。「百花繚乱」という言葉がありますが、それが自然の姿というものでしょう。

松下さんは、よく、次のように言っていました。

「会社でも、そうやな。社員にいろいろな人がいないと、あかんわけや。同じ人ばかりでは、全体として面白くない。それに会社としても、強くなれない。きみ、人を採用する時には、心して、さまざまな人を採用せんといかんよ。自分の好み、自分に従順そうな人ばかりを採ったら、結局は、強い会社は出来んな」

経営をしていると、ご承知のように、さまざまな問題が出てきます。そのさまざまな問題に対応するのには、一種類の人だけでは対応出来ません。いろいろな人がいるから、この問題はきみがやってくれ、この問題はあなたが得意だ、という分担が出来る。それで会社は強くなるということでしょう。

「昔話で桃太郎というのがあるやろ。猿と雉と犬。みんな違うわね。違うから、それぞれの役割が生まれ、違うから鬼退治が出来たわけやね。それと同じように、会社にもいろんな人がいないとあかんな。まあ、個性を持ったというか、特徴を持ったというか、そういう人の集まりにすることが大事と言えるね」

個性豊かな社員たちをどう活用していくか、これが経営者の腕の見せどころ。個性豊かな社員をたくさん持つと、組織がバラバラになるのではないか、と考える人がいるかもしれない。しかし、実際には、そのようなことはありません。逆です。むしろ個性的な人の多いほうがまとまりやすい、と私の経営者としての体験からも言えます。

例えば、お城の石垣です。お城の石垣が大きさも形も違いながら巧みに組み合わされて、五〇〇年、六〇〇年の年月に耐えているように、強固な会社をつくり上げていくことが可能になるのです。

武田信玄は、生涯、自国に城というものを築かなかった武将ですが、「自分は部下に釣り合いということを考えている。例えば馬場信春は寡言で気位が高い。だから、よくしゃべり物事をテキパキとやる内藤昌豊と組ませる。山県昌景は性急で、敵を見ると、自分の軍勢だけでも攻めかかるようなところがある。そこで、高坂昌信のように、まずじっくり考えてから行動する者と一緒に働かせる。強情な者には柔和な者を組ませれば、水と火とが物を煮るようにうまくいくものだ」。つまり、人を使うにあたっては、人の組み合わせが大事だというわけです。

「個性というものは、もともと一つの、まあ、いわば拘束というものがないと発揮出来んのや。非常に矛盾したことを言うようやけど、個性は拘束なくしてあり得ないんやね。大工さんの道具箱でもそうやね。大工道具という一つの方向というか、方針があって、そのうえで道具を集める。その集めた道具を入れてあるのが道具箱やろ。カンナもあればトンカチもある。ノコギリもあればノミもあるというようにね。それぞれに個性を主張しとるわね。道具箱という拘束の中で、大工道具という方針のもとにそれぞれの道具が集められている。そういうことも言えるわね。ただしや、そういう個性の集合もバラバラになってはあかん。それをまとめるのが方針というもんや」

一つの方向があるから、一つの方針があるから、はじめてさまざまな個性が求められ、それぞれに個性を発揮出来るというわけです。松下さんの説明によると、開け閉めするという目的、あるいは、さまざまな道具をひとまとめにする箱という方針。会社で言えば、それが経営方針であり、基本理念であり、ということになります。会社に経営理念があって、方針があって、それが一本、社員の中に貫かれている、通っていればこそ、はじめて、それぞれが、それぞれに個性を発揮出来る余地が生まれてくる、という松下さんの話はご理解いただけたでしょうか。

「きみ、ええか。物事は、右か左かどちらか一つで考えたらあかんで。なんでもそうやけど、たいがい相矛盾する考え方があって、たいていの人は、そのいずれか一つの考え方で判断しようとする。けど、それは基本的にはよくないことや」

例えば、社会というものを考えても、全体がなによりも大事だとする考え方と、個人が大事だという考え方と、二つあります。

一つは、全体のために個人が犠牲になってもいいという考え方。会社のためには、社員は犠牲になってもいいという考え方です。この頃、言うところの、ブラック企業。しかし、それはおかしい。社員が集まって会社が成り立っている。全体を成り立たしめている個人が、犠牲になるような会社が発展し、永続化することは不可能。まさに「社員貧すれば、会社衰退す」ということになります。社員が活かされ、報われる。それが第一。そうなれば、結果として、会社が発展、繁栄するということになります。

二つ目は、全体は、会社はどうなっても、個人さえ満足が得られればいい、社員さえ報われればいいという考え方。しかし、これもおかしい。それでは、個人は、社員は、いったいどこに立てばいいのか。守られるのか。社員が、個人が、「己が立っている踏み台を壊すに似たり」、まさに個人、社員は拠り所を失い、生活することすら不可能になります。ですから、会社が、自分の所属する全体が壊れてもかまわないというのは、これまた愚かな考えということになるでしょう。

そうではなく、自分も活き、全体も活きる。社員も満足するが、会社も発展する。個人も繁栄するが、社会も繁栄する。国民も繁栄するが、国家も繁栄する。そうなる方法を考えるのが、社長の役目、責任者の役目、そして、そういう人が賢明な人、知恵ある人間というものです。実際、その「個人と全体」の繁栄、幸福こそが、会社や国の発展の基本中の基本なのです。

特に、政治の世界でも、その極端な政党が、極右、極左として存在していることの奇妙さを多くの国民は感じていると思います。なにがなんでも、国家、国家、国家。国民が犠牲になっても国家、国家。一方は、なにがなんでも、国民、国民、国民。国家が犠牲になっても、国民、国民、国民。それはおかしいと賢明な国民は感じているのです。ですから、そういう政党に投票しない。マニアックな国民しか応援しない。しないから、いつまで経っても、政権与党にはなれないということです。そのどちらにも偏らない、会社の発展も、社員の満足も並行して追求していく。国家の繁栄も、国民の満足も並行して求めていく。経営者も、政治家もその見識が求められるということです。

「まあ、人間は、一つだけの物差しを使って考えたほうが容易であるから、どうしてもそうなるわな。二本の、あるいは三本の、ということになれば、複雑になるから、なるべく一本の物差しで明快に考えようとする。説明しようとする。しかし、わしの経験からして、物事、そんな簡単なものではないよ。無理がある。だからたいていの場合、やり方を間違える。どちらかに偏る。基本方針と個性という二つも同じことや。この二つは、見方によれば相反する考え方と言えるが、そのいずれも否定すべきもんではないわな。その両方を活かし活用するところに、会社というか組織が発展する秘訣があるんや」

松下さんの考え方を、私流に言えば、会社経営でも、国家経営でも、おおよそ経営というものは、加減乗除の「算数」で考えられるような単純なものではありませんよ。二次元、三次元方程式などを解く「数学」で考えるような複雑なものですよということだと思います。

責任者というのは、部下と違う責任があるんや

「責任者というのは、部下と違う大きな責任があるからな、それで責任者と言うんや」と松下幸之助さんが言ったことがありますが、私は、松下さんを見ながら、責任者の役割には、三つあると感じていました。

第一に、責任者である以上、「自分の会社、部署の課題、目標を成し遂げること」。これは説明も要らないでしょう。社長であれば、事業計画、目標、使命感を達成し、上司であれば、部署の目標、目的を達成しなければなりません。そのための社長であり、上司ですから、それが達成出来ない、いつまでも成し遂げられないということであれば、それは「責任者」とは言えないでしょう。当然の責任です。

しかし、それでは、計画なり目標を成し遂げる責任だけでいいのかというと、そうではない。

自分の責任を果たすだけなら、一般社員でも同じ。昨日、入ってきた新入社員でも自分の仕事をやり遂げる責任を持っています。では、彼らを責任者と言うかといいますと、「責任者」とは言いませんし、言えません。

二つ目の責任は、言うまでもなく、「部下を育てるということ」です。部下を育てることが出来なければ、会社も発展しませんし、上司自身も成長しません。良い会社、良くない会社の見分け方は、その会社に良質の社員がどれだけ居るかだという人もいます。良い上司かどうかということも、同じように、その上司のもとに、良い部下、優秀な部下が、どれほど、居るかどうかで見分けることが出来るということになるでしょう。部下を育てなければ、自分も成長出来ない。人材を育てなければ、いまより大きな仕事は出来ない。会社全体も発展しない。だからこそ、部下を育てていかなければならないのです。

責任者が新入社員、一般社員と違う、重要な三つ目の責任は、「新しい仕事を創り出すこと」だということです。いままで自分が持っていた仕事の、１００のうち20を部下に任せれば、自分の仕事に「20のスキマ」が出来ます。その20で、なにをするか。そのままスキマにしておくか。あるいは、余裕が出来たと、ゴルフに興じるか。しかし、それでは、責任者たる資格はありません。責任者はそこで、20の新しい仕事を創造しなければならないのです。責任者一人ひとりがそのように、新しい仕事を創り出すと、あるいは、経営者がそのように新しい事業を創造すると、会社全体が大きくなる。発展するということになります。

責任者は、①チームの仕事をやり遂げる、②部下を育てる努力をする、③新しい仕事を創り出す、この「三つの責任」を持っているから、「責任者」なのだということを、常に肝に銘じておかなければならないと思います。

さて、これまで、人を育てるためにはどうすればいいか、部下を育てるためにはどうすればいいかということを、いろいろ述べてきましたが、ここで、まとめておきたいと思います。部下を育てるポイント、それは、次の四つのポイントだということです。

(a)部下にものを訊ねること。(b)方針を明確に示すこと。(c)権限を委譲すること。(d)感動させること。この四つを責任者が取り組むことによって、部下は確実に成長するでしょう。

一つ目(a)は、「部下にものを訊ねること」。上司が部下にものを訊ねると、四つの効果があります。すなわち、❶部下がやる気を出す。❷勉強をするようになる。❸上司に情報が集まる。

そして、❹部下から尊敬されるということです。

小学校4年中退の松下さんは、いわゆる、知識を得る機会がありませんでした。ですから、松下さんは、自然に他人の話に耳を傾け、また進んで訊ねて聞くようになったと言いますが、それは他人だけでなく、とりわけ、部下に訊ねました。そうしているうちに、部下にものを訊ねると得をするということを、松下さんは、体験的に会得していきます。その「得すること」が、先述の、❶〜❹の四項目だということです。

二つ目(b)は、「方針を明確に示すこと」。これについては稿を改めて詳述したいと思いますが、経営者が、上司が、方針を明確に示すことによって、部下が成長します。どうしてかと言うと、部下はその方針に従って活動すればいいのですから、部下は、自主的に具体的判断や行動が出てくる。「自主的」ということによって、部下は成長することが出来るのです。付け加えておきますが、経営者、上司という責任者が、方針を出すことによって、会社全体が、部署全体がその方針の方向に動くということも、責任者はよくよく認識しておく必要があると思います。

中国の毛利を攻めよと信長の命を受けた明智光秀の軍勢一万三〇〇〇人は、亀山城を出て丹波路を進みます。そして、桂川まで軍を進めた時に、ご承知の通り、「敵は本能寺にあり」ということを全軍に告げました。それまでは、信長を討つということは、ごくわずかの重臣しか知らず、他の者は中国に出陣するものだとばかり思っていたのです。それが、ひとたび命が下るや、一万三〇〇〇人もの兵が、雪崩を打って京都に押し寄せ、つい先刻まで夢にも考えなかった謀反の挙に成功するわけです。謀反というような当時の道徳に反することでも、ひとたび指導者が方針を示せば、それが行われるのです。

このように、指導者が一つの決断を下し、方針を示せば、心からそれに従うかどうかはともかく、部下はみな、その方針通りに動くものであるということです。自分はそれに反対だ、別の道を行くという社員や部下は、ほとんどいないと言っていいと思います。ですから、一つの方針を出すということの「怖さ」を、指導者は、責任者は、深く心に留めておかなければなりません。人を育てるのも方針、会社の盛衰を決めるのも方針。ですから、指導者、責任者は、常に、なにが正しいかを考えつつ、誤りのない方針を示していくことを、心掛けなくてはなりません。

三番目の(c)は、「権限を委譲するということ」です。〝立場が人を育てる〟という言葉がありますが、人はその立場に立つことによって、だいたいにおいて、いままでにない能力を発揮するものです。いままで、主任であった部下を課長に昇進させる。権限を委譲する。はじめは戸惑っていたその部下も、次第に課長として十分な働きをするようになります。松下さんは60点の実力があれば十分、とまで言っていました。権限を委譲することによって、部下は育つのです。60点が80点、中には90点の人材に育ちます。育たないというのなら、上司に判断力、あるいは「任せて任せず、任せず任せる」という配慮、能力がないからです。権限を委譲したから、あとは自分でやれ、では、責任者として失格です。少なくとも、最初は、見ずして見ながら、必要によっては、アドバイスをする、助言をする。それは、子どもを育てる時の親のようなものです。見守りながら育てる。そしてだんだんと手を放す。そういう配慮を責任者がすれば、「立場は人を育てる」、「権限委譲は人を育てる」ということは間違いありません。

人間というのは、生きていく中で、なにがいちばん嬉しいかと言えば、人から信頼されているということを実感する時であることは、間違いないでしょう。人から信頼される時、私たちは誰でも特別な幸せを感じるものです。責任ある仕事を任されるということは、信頼されているということですから、人は権限を委譲されれば、たいていの人は、喜びを感じます。自分の創意、自分の考えが活かせるという喜びも重なって、精一杯頑張ろうと思う。そのように思うから、成長するのです。

ただ、ひと言、付け加えておきたいことがあります。それは、「権限を委譲しても、権威を委譲してはいけない」ということです。社長は社長として、部長は部長としての「らしさ」、

「けじめ」は、堅持することが大事だということです。とかく、仕事を部下に任せると、自分が昇進させてやったんだ、私が面倒を見てやったんだと思い振る舞う。そういう態度、恩着せがましい振る舞いは、きわめて「責任者として下品」ということは知っておいていいと思います。たとえそうだとしても、その部下に権限を委譲した自分の責任を重く受け止めるとともに、能力なり、それなりの状況で判断して、指名した部下への、陰なり陽なりの応援を心掛けるべきです。

また、権限を委譲すると、時間が出来る。仕事の量も幾分軽くなる。そこで、次なる仕事なり、事業なりを創造し取り組むべきところを、ならば、これからはゆっくり出来る、飲みにでも行こうか、ゴルフにも行こうかなどと考える社長なり上司がいるとすれば、その社長や上司は、部下よりも劣る、無能な責任者ということになります。交際費は節約しろと言いながら、自分は夜ごと会社の金で飲み歩く。遅刻するなと言いながら、自分は遅れてくる。約束は守れと言いながら、自分は守らないということになれば、責任者としての「権威」がなくなってしまいます。

人間として、なすべきことをなす、責任者として、なすべからざることはやらない。そこに

「権威」というものが生まれてくるのです。自分の責任を感じながら、自ら率先して、「責任者としての振る舞い」、「上司としてのケジメある態度」を、しっかりとっていれば、権限を委譲された部下も、責任者に敬意を表しつつ、責任者に権威を感じつつ、任せられた仕事に精一杯の努力をして向上していくでしょう。

しかし、責任者がなすべきことをなさなくなる。守るべきことを守らなくなる。人としてのケジメをつけなくなる。そうなると、仕事を任せられた部下から次第に軽く見られるようになってしまいます。また、その部下も、せっかく、将来、成長するはずが、逆に、その責任者から悪影響を受け、手を抜くようになって、堕落、人生を失敗するということにもなると思います。特に経営者、社長は、「権限は委譲しても、権威は委譲しないこと」を、よくよく心掛けなければいけません。社員は必ず社長のマネをするのです。

よく松下さんの前で、「うちの社員は仕事をしない」とか、「出来が悪い」とこぼしていく経営者がいましたが、その経営者が帰ると、私に、「あかんな。あの会社は。ゴルフの話をするのはいいが、うちの社員はあきまへんと言っていたけど、あの社長があきまへんということやな。とやかく、わしが言うことでもないけど」と笑いながら話していました。そして、「一番の問題は、あの社長さん、自分の責任だということが分かっていないことや」。

四番目の(d)は、「感動させること」です。経営に感動がなければ、向上心なく、気力なく、やる気のない社員ばかりということになります。社長が、責任者が、社員に、部下に感動を与えることが出来るかということです。ここが経営が成功するか、しないか。発展するか、しないか。責任者に求められる重要な条件だと言えるのではないかと思います。

感動した時、社員は、部下は、責任者に対し、「この人のためなら」、「この人のために」命懸けでも自分の職務を完遂しよう、成果を上げよう、結果を出そうと思い、取り組み、本人すら考えられなかった能力を引き出し、責任者の期待に応えるようになるのです。部下を感動させることが出来ない上司、経営者は、二流、三流の経営者。感動を与えることが出来ない、社長、責任者は、実力を持った部下を育てることが出来ないと、長い間、松下幸之助という経営者を見続けた私は、そのように思っています。

第五の条

悟る使命感

わしのそばで、二年間、勉強せえへんか

「きみのお父さんは、幾つや。お母さんは元気か」。大きな机の向こう側から身を乗り出すようにして、初対面の松下幸之助さんは、私に話しかけてきました。PHP研究所の秘書として採用するかどうかの、最終面接でした。笑顔が実にやさしいというのが第一印象。幾つかの雑談めいた話のあと、松下さんは微笑みながら、「きみ、二年間だけでええんや、わしのそばで勉強せえへんか」

それまで、松下幸之助という人の面接を受けたなら、合否はいずれにしても、この異動の話を断ろうと考えていた私は、思わず、「はい、お願いします」と返事をしてしまいました。この人の下で働くのは、いい経験になる。二年間だけならやってみてもいい、と思ったのです。

正直なところ、当時、私はＰＨＰ研究所の存在を知りませんでした。横浜の松下通信工業という事業場にいた私は、若いのだから、いまのうちに、より多くの体験を積みたいと思い、「一度、別の職場に移りたい」という希望は出していました。

しかし、ＰＨＰ研究所に行きたいということは、その存在すら知らなかったほどですから、希望の埒外でした。ということで、ＰＨＰ研究所への異動の可能性があると、事業場の人事部長から聞かされた時は、戸惑いと不安に包まれました。どんなところだろうか。なにをしているところだろうか。ＰＨＰとは、なにを意味しているのか。そこで、事業場の、幾人かの役員、先輩、上司に聞いて回りました。

ある人は、「あそこは松下さんが直接にやっているところで、なにをしているのか、自分には分からないが、非常に厳しいところだそうだ。お辞儀の仕方から、歩き方まで細かく注意される。きみも覚悟をしたほうがいい」と言います。別の幹部クラスの先輩に訊ねると、「あそこは松下グループの〝聖域〟だから、自分たちもなかなか近寄りがたい。よく分からないが、自分のような者には務まらない。しかし、きみは頑張れ」と言います。そのような類いの話を、幾つも聞かされると、ＰＨＰ研究所に対する不安と恐怖心がますます膨れ上がってきました。

どうすればいいのか。当時27歳の私は悩みに悩んで、一週間、食事が喉を通りませんでした。

そのような訳の分からないところへは行きたくない。だいたい私は束縛されるのが嫌いな性格で、決まりきった行動や話は、どうも性に合わないのです。そのような職場には行きたくない。たとえ会社を辞めさせられても、拒否しよう。先輩の言うようなところならば、すぐにこの話は断ろう、と思いました。

しかし、そう考えているうちに、ふと、「そうだ、松下幸之助さんに会えるかもしれない。一度会ってみたい。断るならそれからでもいい」と考えたのです。松下幸之助という人は、入社式の時に、はるか彼方からしか見たことがありませんでした。松下幸之助さんに憧れて、松下電器に就職した私が、そう思ったのもご理解いただけると思います。よし、そうしよう。会ってから、この異動を拒否してやろう。それがいい、と自分なりに合点したのです。そう考えると、気持ちが楽になり、いつどのような言い方で拒否するかという思いで、あれやこれや想定して、その断り方を胸の内にまとめ納めておきました。

秘書としての面接というのですから、私は当然すぐに松下幸之助さんと会えるものと思い、横浜～大阪間の日帰りと勝手に決めていました。ところが、まず松下電器の人事課長の面接。次にその上司の面接があり、ＰＨＰ研究所の責任者の面接。結局その日は、松下幸之助さんが忙しいということで会うことが出来ず、急遽私は一泊することになったのです。宿泊の用意も持っておらず、とりあえずの安い小さな、こんなところと思うような薄汚れた旅館に泊められました。

翌日、再び出かけていった私に、昨日、面接をした人事課長がたまりかねたように言いました。「君ね、男でも笑顔が大事だよ。笑顔で話が出来ないかな」。しかし、私は断るつもりで来ているうえに、予想外に何回もの面接をされるので、実に不愉快、笑顔どころではなかったのです。その日は人事担当重役が出てきての面接だけ。またしても松下さんと会うことは出来ませんでした。いくら新入社員同然の私だとしても、これはないだろう。二日も留め置き、明日といえども、その確実はない。私は腹立たしい気持ちで、旅館から、このまま黙って帰ろうかと思ったのです。

しかし、やはり松下さんには会ってみたい、直接一度、会って話をしてみたい、という思いが強く、思い直して、もう一泊して、それで会えないなら、黙って帰ろうと決めました。

三日目、果たしていかにと思っていると、松下さんの時間がとれたので、いまから行こう、と人事課長。いざ会えるとなると、それまでの腹立ちより、大変な緊張を覚えました。あれほど緊張したのは、生まれて初めて。大きな部屋で怖い人で、語調厳しく、人を刺すような声で、というイメージが頭をよぎる。その時の私が知っている松下幸之助さんは、松下グループの総帥であり、はるかに遠い「経営の神様」でした。鋭い質問に立ち往生してしまったらどうすればいいのか。しかし、まあ、結果がどうであれ、断るのだから、いいじゃないかと心の中で、何回も呟いていました。

ところが松下さんは、私が考え想像していたような人ではありませんでした。むしろ正反対だったのです。人事課長に促されて、部屋に入ると、大きな机の向こう側に松下幸之助さんが座っていました。私は緊張しきって、その前に立ちます。すると、「ま、座れや」と、これが松下さんの私に対する第一声。そして、「きみ、どこの大学出たんや」、「専門はなんや」とニコニコしながら、優しく雑談しているかのような語りかけで、話しかけてきました。質問を浴びせる、詰問するというようなところは微塵も感じられませんでした。威圧感もなく、また命令的でもなかった。言ってみれば世間話みたいな話し方。「きみは、大学では、どういう勉強をしてきたんや」と訊く。私が、いろいろと説明すると、「ひと言で言えば、どういう学問や」。身を乗りだして熱心に、私の答えに耳を傾けている。

私は、松下幸之助という人物像が、想像とまったく違っていたことに、心の中で少なからず驚きながら、にこやかで温和な松下さんの顔を見つめていました。そして、とうとう、この人は、優しい人なんだな。このような人なら、実際に厳しい職場でも、そして二年間ならこの人のもとで仕事をやってみたい、と思ったのでした。「はい、お願いします」と返事をすると、松下さんはにっこりと笑って、「うん、そうしよう」と言いました。

人間とは不思議なもので、第一印象がその後の思考や行動に、大きな影響を与えるもののようです。「松下さんは、優しい人だ」という印象は、それからの私の松下さんに対する接し方に、大きな影響を与えることになりました。約束した二年間は、結果的には松下さんが亡くなるまでの二三年間ということになるのですが、その間、何度も厳しく注意され、激しく叱られながらも、恐怖心は、ほとんど持ちませんでした。時として峻烈を極める叱責を受け、身動きすら出来なかった時にも、その奥底に優しさ、柔らかさを無意識に感じていたのは、その「この人は、優しい人だ」という第一印象があったのではないかと思います。

後になって私は、松下さんという人が、そのような第一印象からだけではなく、もともと人間性が優しく、温かい人であること、そして突き詰めれば、松下さんの「人間観」に起因するものだと分かりましたが、しかし、第一印象のお陰で、私は最初からずいぶんと楽な気分で、松下さんに楽しく接することが出来ました。

結局は、二三年間、側で仕事をさせてもらいましたが、嫌だなとか、辛いと思ったことは、正直言って一度もありませんでした。松下さんは常に、私にとって偉大であり、かつ尊敬すべき存在であり、人間としての目標でした。それは、松下さんが「公の人」だったからです。私欲よりも、会社のために尽くす、社会のために尽くす、国家のために尽くす、人類のために尽くす。その思いがなによりも先行する人でした。側にいて、そのことが明確に感じとれたのです。

「自分のことよりも公に尽くそうとする人物に、尊敬の念を抱かざる人間はいない」と、よく言われますが、私もその例外ではありません。公のことを優先して考え、公のために尽くす「公の人」であるからこそ、松下さんは人を感動させ、人を魅きつけることが出来たとも思います。そして経営者として、あるいは指導者として成功することが出来た。松下さんは、人は誰でも、公の人たるべく努力をしなければならないと考えつつ、自分もそうあらねばならないという責任を自覚していたと思います。

公の責任を自覚し、遂行する意志を持つか持たないか。指導者の指導者たるゆえんは、まさにそこにあります。今日、世間で、あの人は偉いと尊敬されている人たちはみな、それぞれ、そのような責任感を持った人たちです。キリストは人間全体のために十字架にかかった。私たちが、それは自分の責任ではないと思うことも、キリストはそれを自分の責任と感じたのです。公の心を持っていたのです。世上の混乱を見て、これを救うことは自分の責任であると考える。私たちは、キリストのような偉人ではありませんが、少なくとも自分のしている仕事に対しては、公の責任をはっきり自覚しなければならない。責任の自覚というものがない場合には、指導者は指導者でなくなる。単なる傍観者であるということになるのではないでしょうか。

方針は、命懸けで決めるべきことやな

「わしは、いままで長い間、経営に携わってきたけど、方針というものをいつも明確にしてきたな。こういう考え方で経営をやるんだ、こういう具体的な目標、最終目標を持って経営を進めるんだ、こういう夢、理想を持っていこうやないか、と常に従業員の人たちに話し続けてきたな」

もし方針がはっきりしていなければ、部下はどう動いていいのか分からない。一生懸命努力して、これならいい結果を出したと思って上の人に報告したら、「そんな結果は期待していなかった」と言われるぐらい悲しく、辛いものはありません。ましてや、叱られて、文句を言われたら、もう泣きたくなるものです。それでは、部下が責任者の期待通りの働きをしない、成果を上げられないのは、部下の責任かというと、そうではありません。それは責任者の指示の出し方に問題があるからです。社長、あるいは責任者が、はっきりと方針を出していないからです。

すなわち、指示した仕事に取り組む考え方、当面の目標、最終目標を明示しないからです。猟師が、鉄砲で獲物を打つ時、目元の照門（リアサイト）と照星（フロントサイト）と目標の獲物が一直線になった時、はじめて銃弾が目標物に当たる。それと同じことです。3点を示さずして、獲物だけを指示する。それでは、経営者が、責任者が、期待する通りの成果を、部下が上げる、出すということは無理。経営者に、最終目標だけを提示、指示して、あとは、なにげなしに経営されたのでは、社員は、部下は、「迷惑、これに極まれり」ということです。

方針によって社員は、部下は、自分の走り方、意味、そして自分の走る方向、努力の方向が分かります。なるほど、こういう考え方でやらなければいけないのか、こういう目標に取り組まなければならないのか、と分かる。それだけでなく、最終目標がはっきりしていれば、自分の努力が結局、最終的に、どこにつながるのかがよく分かるのです。

自分の着地点が分かる。ですから、社員は、部下は、自分からやる気を出し、間違いない方向に向けて、一生懸命努力する。たいていは社長の、責任者の期待通りの結果を出してくれます。すなわち、方針を明確にしておくと、部下の自主性が生まれ、部下が育つということです。それゆえ、「方針」というものを出せない指導者は、それだけで失格ということになるのです。

「方針」を出すということは、また、経営者自身、責任者自身にとっても「経営の杖」、「暗闇の提灯」になります。経営者も責任者も、事に当たり、右にするか、左にするか。ここで進むべきか、方向転換すべきか、退くべきか。社員や部下以上に考え込む、苦悩する、そのような局面に突き当たることが多いでしょう。その時、道を誤りなく選択し、決断出来るためには、方針を物差しにして考えてみる。方針を羅針盤にして念慮してみることです。そういうことを考えれば、指導者、責任者にとってこそ、方針を明確に提示する、方針を出すということは、きわめて必要、かつ大事なことだと言えます。いわば、「方針は経営者の戻り場所」でもあるのです。

「方針を明確にしておくと、経営者自身も自分の判断や行動の物差しが出来るから、力強い動きが出来る。経営をしておると、いつもいつも迷うことが多いわね。右にしたらいいのか、左にしたらいいのか、分からんことばかりや。はっきり見分けられるものなど、案外少ない。まあ、それが経営というものやけど、そんな時に方針に照らして、右に進んだらいいのか、左に進んだらいいのかを考える。すると、自然にどうしたらいいのかが分かるわけや」

明快な、確たる方針があり、経営者が必ずその方針を守る時、その行動に非常に力強いものが出てきます。社員からも、一本筋の通った、信念を貫く経営者だと尊敬されますし、この人に経営を任せ、ついていけば大丈夫だ、と信頼もされるでしょう。

お客様も取引先も、その会社がどんな考え方か、どこを目指しているかが分かりますから、その会社が、その経営者が、そういう考え方ならば製品を買ってあげよう、その会社と一緒に仕事をしてもいい、ということになります。方針が明確にあることは、おのずと会社の信頼、信用にもなるのです。「会社の信用」のためにも、経営者は、方針を社内外に明示することが求められます。

方針というものを、松下さんは三つの要素に分けていたように思います。①基本理念（＝どのような考え方で、どのようなやり方で）、②具体的目標（＝当面、どこまで達成するのか）、③最終目標（＝達成、完遂は、どのようなものか）という三つであり、これを常にワンセットとしていたと思います。

この「方針の三要素」は覚えておいたほうがいいのではないでしょうか。相当古い話（昭和

60年（1985）になりますが、いまでも毎年8月12日になると、ジャンボ機の御巣鷹山墜落事故、犠牲者の慰霊祭、空の安全祈願などが報道されます。私は、犠牲者となられた方々のご冥福と空の安全を祈りつつ、いつも思い出すことがあります。それは墜落事故が起こった時のことです。

墜落後一カ月ほどして、東京の一つの企画会社が倒産しました。どうしてか。誰が発想したのか、社員を御巣鷹山に登らせ、リュックに事故現場の土をいっぱい詰めて持ち帰らせて、その土を小さな化粧箱に入れ、一箱5万円で遺族に売る商売を始めたのです。当然のことながら、遺族の人たちは激怒し、マスコミはその会社を徹底的に叩きました。そして、まもなくその会社は潰れてしまいました。目の前の目標はあったのでしょうが、基本理念と最終目標がなかったのです。ただ、「儲かればいい。儲ければいい」、「これは、売れる」という考えだけであったのでしょう。「方針の三要素」が、いかに大切であるか、端的にこの企画会社の倒産が示してくれています。

「方針の決め方か。それはな、まず経営者が自分で考えて考え抜いて、自身で心の底から、うん、そうだ、これだ、と思うものでないといかんね。悟るというか、ハッとするもの。そういうものを方針として決めないといかん。思いつき、他人から聞いたことをそのまま方針だというのは、方針ではないわけや」

たとえ、それが素朴な言葉であってもいい。しかし、ただ本を読んでいい言葉を見つけたとか、他人の話を聞くだけで方針を決める、というようなことではいけないと松下さんは話してくれました。加えて、誰が考えても、そうだと納得出来るものでなければなりません。経営者だけでなく、従業員も株主もお客様もみんなが、そういう方針ならば賛成出来る、納得出来ると言ってくれる。経営者ひとりが喜んでいるような方針では、多くの人の協力も得られませんし、やがて経営者自身、責任者自身も次第に方針を貫く気迫も萎えていくでしょう。

さらに、広く世間がどう思うか。お客様やお得意様だけが喜んでも、社会的に有害な方針であれば、社会から、世間から反発、批判されて、方針が消えゆくばかりか、会社自体も衰退し消滅していくことになります。世の中の人たちが、その方針は、いいと評価し、賛成してくれるものでなければ、会社は発展を続けることは出来ません。責任者自身が、衆知を集めながら、悟る心持ちで方針を決める。社員からも部下からも、お客様からも世間からも、納得され、評価され、賛同される。そういう方針。そのような方針が大事ということですが、松下さんはさらに「自然の理法に沿っているかどうか」も必要だと言います。時代に流されない普遍性、真理に照らして、是なる方針が大事ということなのでしょうか。

「さらには、天地自然の理に適(かな)っているかどうか、ということも考えないといかんね。いくら、みんなが賛成してくれても、自然の理法に反していてはあかんということや。自然の理法に即していなければ、結局は、経営は発展せんからね。まあ、真理、自然の理法に裏付けられた正しさと合致しているかどうか。そこまで考えんと、方針を立てて、みんなに示しても、結局は、信用されなくなるし、会社も発展せんということになるな」

「方針」を立てる、明示するにあたって、松下幸之助という人が、「命を賭(と)していたこと」が分かる話ではないでしょうか。

きみは、経営者として失格や

「そういう考え方ではあかんわ。経営者として失格や」

私が話をするにしたがって、松下さんの顔に厳しさが現れ始めました。私の話が終わったとたん、松下さんは私の顔を睨みつけ、机を叩きながら激しい口調で叱り始めました。昭和55（1980）年頃のことでした。

当時、PHP研究所の売り上げはまだ30億円を少し超える程度、私が経営を担当して四年目でした。四年間で9億円の売り上げを30億円に伸ばしたものの、利益は2～3パーセントと微々たるものでした。それでも数年前までは、まったくの赤字経営でしたから、微々たる利益であれ、PHP研究所の経営状況は、確実に改善されていたわけですが、もちろん経営基盤が確立したわけではなく、脆弱な経営状況にありました。

そこで、なんとか確実に経営したいと思っていた私は、赤字の要因の一つであった月刊『ＰＨＰ』誌の値上げを考えました。当時１２０円であった定価を30円上げて、１５０円にしたいということを、松下さんに頼みました。『ＰＨＰ』誌の発行部数は１００万部前後でしたから、30円の値上げで、売り上げは、年間約3億２０００万円増、利益は当然2～３０００万円のプラスにすることが出来ます。そうなれば、『ＰＨＰ』誌の赤字も改善、解消出来る。

ところが、その時、松下さんは私の話を聞いたあと、「値上げはやめとこう。いつも言っておるように、これはＰＨＰ運動の機関誌ともいうべきもので、一人でも多くの人に読んでもらいたいと思っている。誰にでも買うていただけるように、今の定価でいこう。値上げはやめとこう」。あっさりと値上げ案は拒否されてしまいました。松下さんから了承の決裁をもらえなければ仕方がないと思いつつ、少しでも早く経営基盤を確実なものにしたいと考えていた私は、そこで、「分かりました。それならば、他の手持ちカード、例えば書籍の発刊を大幅に拡大し、そこで利益をあげます。その代わりに『ＰＨＰ』誌の収支は赤字が続きますが、お許しくださ い」。ＰＨＰ研究所の収支決算はトータルでなんとか黒字にするから、『ＰＨＰ』誌は赤字でも許してもらおう、そのことを承認してもらおうと話をしたのです。

その結果が、お前は経営者として失格だ、という烈火のごとき叱責でした。

「そういう考えではあかんわ。君は経営者として失格や。そんな考え方をしておったら、経営がどんぶり勘定になってしまうやないか！　そういう考え方をよしとすれば、他の事業場の人たちも〝会社全体として黒字になるのだから、自分のところが赤字を出しても許されるだろう〟と思うようになる。そやろ。そういうことをみんなが考えるようになったら、会社は潰れる。そういう考えではなく、会社の中の、仕事の単位一つひとつで黒字にしていけば、その一つひとつの仕事でわずかな黒字であれば、全体として必ず黒字になるやろ。『ＰＨＰ』誌の赤字を認めて、ほかで利益を上げる。きみ、なんちゅう考えをしとるんや。『ＰＨＰ』誌が赤字なら、黒字にしたらええやないか」

値上げも許されず、赤字を出すことも許されず、松下さんの厳しい表情と言葉を身体全体で受けとめながら、これはなんとかしなければならないと思うしかありませんでした。それから私は、赤字は許されないという前提で、可能な限りの工夫をしました。編集作業の仕方を変えていく。取引先と徹底的に検討を重ねて、紙の質を、色目は変わらないけれども、少しでも安いものに替えていく。あるいは表紙の絵でも、お借りするだけで何十万円もということでしたから、ＰＨＰ活動の趣旨、松下幸之助さんの思いをお話し、無償で協力していただくなど、そのような細かなことを積み重ねました。必死で取り組みました。そして、ほどなく、『ＰＨＰ』誌はわずかですが、黒字に転換させることが出来ました。

このように松下さんは、「赤字は罪悪」という基本理念、信念、方針から外れることを許しませんでした。私が厳しく叱られたのは、常にそのような時です。とりわけ、方針の土台となる基本理念から外れることを、決して許すことはありませんでした。

一方、松下さんの信念、方針に沿って成功した時には、大変に褒めてくれたことを思い出します。ＰＨＰ研究所の経営を担当するようになって五、六年後、私は、それまでの〝松下電器依存〟をいっさいやめることにしました。「出向者の人件費、月刊誌等の広告費、松下幸之助本の５万部買い取りなど、もう、これからは不要です。ＰＨＰ研究所は自力で、啓蒙活動、経営活動をしていきます。出向者も本人の希望があれば、松下電器に帰します。人材は独自で採用することにします」。これには、前述の通り、いろいろなところから、「けしからん」、「めちゃくちゃな経営をする」、「無謀すぎる」など、喧々囂々（けんけんごうごう）の批判、非難。文字通りの四面楚歌。誰ひとり賛同してくれる人はいませんでした。

しかし、ただ一人、たった一人、松下幸之助さんが、褒めてくれました。喜んでくれました。「きみは、よう決断してくれた」、「きみは、わし以上の経営者や」。家に帰るとまた電話がかかってきて、「きみはえらいな」、「ようやった、よく決断してくれた」と、評価し、先ほどと同じようなことを言ってくれました。その時、珍しく、松下さんは、最初に電話をとって、私に代わろうとする家内に、「江口君は、立派な経営者だ」などと話をし、事情のよく分からない家内を、おおいに戸惑わせましたが、松下さんは、「経営は自主自立」、「依存心ある経営は、経営にあらず」という信念、基本方針を持っていましたから、私の決断が、よほど嬉しかったのかもしれません。そのように、松下さんの信念、方針に適(かな)っている時には、大変高く評価してくれました。

また、松下さんの方針に沿って、しかし、失敗した時、問題が起こった時には、よく慰めてくれました。関西新空港が出来る前の話ですが、某大学の教授の、関西新空港が思うように進んでいないのは、関西の自治体、また経済界が熱心に取り組んでいないからだ、というような論文を、『Ｖｏｉｃｅ』誌に掲載したことがありました。それを見たS金属の会長から激怒の電話がかかってきました。「いい加減な原稿を載せるものじゃない。松下さんがやっているＰＨＰで、こんなくだらん原稿を載せていいのか。自治体も関西財界も取り組んでいるんだ」

と、えらい剣幕。早速、松下幸之助さんに報告すると、「きみ、その論文、読んでくれや」と言う。私が読み終え、恐る恐る松下さんの顔を窺うと、「いやあ、Hさんは、なにを怒っとるんかいなあ。きみ、実際に、この先生の言う通りやで。取り組んでいるけど、わしから見ても、あまり真剣とは思えん。事実、一向に進んでおらんがな。Hさんには、わしから言っておく。きみ、心配せんでいい。あとは、わしにまかせておけや。それよりもな、きみ、志を失ったらいかん。これまで通りの気持ちでやるように」。

「あとはわしが引き受ける」と言ってくれた松下さんの声は、いまでも耳の底に残っています。

部下が、大将の示した方針、理念、信念に基づき、うまくいかなかった時には、慰め、励ましてくれるだけでなく、「あとは自分に任せておけ」。こういうことが言える人が真の指導者であり、経営者であり、責任者ではないでしょうか。

簡単に、もう一つだけ付け加え、触れておきます。では、松下さんの示した方針、理念、信念に沿わずして、部下が成功したら、その時は、松下さんは、どういう反応をするかということです。その時の松下さんは、私が、いかに成果をあげたかを報告しても、まったくの無視。

あるいは、私の報告に、「ああ、そうか」と答えるだけでした。私はこんなに成功しました、言われた以上にやりましたと一生懸命説明するのですが、まったく、よくやった、よかったじゃないか、などと言わない。評価してくれない。すぐ別の話に移ってしまいます。家に帰っても、もちろん、電話もかかってきません。

こういうことを繰り返していると、次第に、私にとって、松下さんは、非常にやりやすい上司であることが分かりました。すなわち、松下さんの明示した方針、基本理念、信念だけを見て、それに沿っていれば、なにをやっても叱られないからです。要は、松下さんの方針から外れさえしなければ、いいのです。あとは自由に、かなり思い切ったことを、大胆に、のびのびと部下にやらせる。考えようによっては、私にとっては、ずいぶんと仕事のしやすい上司であったと思っています。

金魚ばかり考えて、水を軽視したらあかん

「経営を進める時に、知っておかんといかんことはな、いい商品をつくるとか、いい技術を生み出すとか、立派な工場を建てるとか、そういうことだけではあかんということやな。まあ、そういうことも大事やけど、指導者は、どういう理念を持っているのか、どういう考え方をしておるか、社員の心持ちというか、雰囲気はどうか、やる気はどうか、その両方とも考えないといかんということやね」

松下幸之助さんの言いたいことを、私流に表現すれば、経営を成功させようとするなら、製品、商品、技術、建物、社員数、組織、体制など、「目に見える要因」だけを考えてはいけないということです。それだけでは、うまくいかない。組織を変えよう、体制を変えよう、新しい技術を開発しよう、新製品をつくりだそう、と人事異動したり、社員に指示を与えても、思

うような成果は出てこないですよ、ということ。

「しかし、商品とか技術とか工場とか、そういうことだけ考えて、経営がよくなると思っている人が多いな。実際にはそうではないんや。それだけでは、経営というものは決してうまくいかんな。そういうものもきわめて重要やけど、もう一つ、考え方やな。その社長がどんな考え方を持っておるか、人柄はどうか。社員は、なにを考えて仕事に取り組んでいるか、やる気があるか、助け合う気持ちがあるか、そういうものも考えんといかんね」

これも私流に解釈すれば、その会社の経営理念とか哲学、方針、あるいは経営者の考え方とか姿勢、社員の人たちの心構え、やる気などは、「目に見えない要因」だということです。経営理念があるのか、方針はしっかり守られているか、経営者の姿勢は正しいのか、雰囲気はどうか。社員の人たちの心構えはどうか。あるいは、社風はどうか。こうした「目に見えない要因」も合わせて、大事だということです。

「考え方とか、心構えとかやる気とか、心持ちとか、そうや、きみの言う目に見えんものには、なかなか取り組まんね。そういう目に見えんことに取り組むのは古臭いと考える人が、相当おるわね。それでは経営に大きく成功することはおぼつかんわ。経営の成功は、目に見えるもんと目に見えないもんと、そういう両方を大事に考えんとね。早い話が、金魚な。あれを飼うのに金魚そのものを考えるだけではあかんわね。水を考えんとね。目に見える金魚ばかり考えて、目に見えん水を軽視したら、金魚、すぐ死んでしまうがな」

人間とはまことに妙味のある存在です。すでにご承知のことと思いますが、吉田松陰が23歳の時、海外へ密航を企てて失敗し、捕えられて入獄の身となった時のことです。この時、牢内には十一人の囚人がいましたが、松陰はすぐにみなと親しくなるとともに、そこをお互いの教育の場としたのです。すなわち、松陰自身は、「四書五経」の講義を行うとともに、俳諧に詳しい人には俳諧を教えさせ、書道に秀でた人には書道を教えさせ、自分もそれを学ぶというようにしたのです。それによって、いままで絶望的な雰囲気だった獄内が、みなそれぞれに自信と勇気を取り戻し、活気に溢れ出します。それが藩当局の認めるところにもなって、ついに松陰を含めて全員が解放されるに至ったということです。

失意から希望へ、怠惰から勤勉へということの変化は、松陰の人柄、熱意、思いなどによるもので、決して牢内の改装、牢内の設備、施設の改善によるものではありません。目に見えない、松陰の考え方、思いが、かくも同じ人間を、それも囚人を、こうまで変えてしまったのです。

もう一つ、経営において、見えない要因がきわめて重要だという例を挙げてみます。品質管理（QC＝Quality Control）は、アメリカの統計学者ウィリアム・E・デミングが考案した作業の手法です。にもかかわらず、アメリカではあまり成功しませんでした。品質管理の手法、やり方、メソッドさえ取り入れれば、成功すると考えたからです。

工場で働いている労働者は、確かに、自分が教えられた品質管理のやり方を完璧にこなす。教えられた通りにやる。しかし、自分の仕事のことを考えるだけ。いかに、指示された通りにやるか。それだけです。隣りの仲間のこと、労働者のことはまったく考えない。自分がうまく出来れば、隣りの仲間などのことは考えない。それは、その人の責任でしょう。私は知りませんという考え方、態度。ですから、隣りの仲間が作業に苦労し、悪戦苦闘していても、終業時間がくれば、自分は、さっさと帰ってしまう。とにかく、仲間、周囲のことは、いっさい考えない。それどころか、最終的に良い製品が出来るかどうかも無関心。私は、私に与えられたことを、教えられたQC手法通りにちゃんとやっています、やるべきことはやっています、ということでしょう。

どうしてでしょうか。なぜ、それぞれの労働者が、QC手法を完璧にこなしながら、QC、品質管理の手法が、誕生したアメリカでは成功しなかったのでしょうか。

それなのに、なぜ、日本で成功したのでしょうか。それは、日本の従業員たちは、QC、品質管理の手法を一人ひとりが身につけるだけでなく、仲間同士で助け合ったからです。

自分がうまく出来ても、時間通りに出来ても、隣りの仲間がうまくいかない、苦労している、時間通りに出来ていないと分かると、声をかける。「どうしたの?」、「一緒に考えよう」、「手伝おうか?」、「このやり方をしたらどう?」と。そのことは、もちろん品質管理の手引きには書いていません。しかし、日本人の従業員の人たちは、お互いに助け合いましょう、思いやりの心を持ちましょう、やる気を出しましょう、という、そういう心持ちを持っていたのです。その「心持ち」が、デミング博士の考案したQCを、日本で成功させたのです。

手引書に書いてある、手法、手順、やり方、方法だけではなく、周囲への思いやり、仲間への心配りなどという、目に見えない「心持ち」によって、成功させたのです。そこがアメリカの労働者との違い。それがQCを日本で成功させた理由だと私は考えています。

戦後、日本経済が強くなった理由として、このように「目に見える要因」と「見えない要因」の、両方に取り組んできたということを見逃すことは出来ないと思います。ほかの国は、どちらかと言えば、「目に見える要因」ばかりに重きを置いてやってきたと言えるのかもしれません。

しかし、平成の時代に入って、日本の経営は、「目に見えるもの」を重点的に追いかけるようになりました。小粒な経営者ばかりになってきたのは、アメリカなどで取得したＰｈ．Ｄ．（博士号）を振りかざして、理論、知識を自慢し、日本固有の経営を、時代遅れと決めつけ、「見えない要因」を経営には不要のものと断じ、助け合い、思いやり、考え方、人となりを大切にする日本的経営を否定するようになったからです。そして、それに影響された若い経営者が、かっこいいということで、またそのマネをする。

その結果どうなったか。平成２（１９９０）年前後から始まるデフレ不況。その後の「失われた二〇年」。その根本原因が、「目に見える要因」と、「目に見えない要因」を大事にするという「日本的経営」の否定にあったということを、日本の経営者は気づくべきでしょう。

とは言え、最近では、この日本的経営への見直しが始まり、とりわけ、若い有能な経営者が再認識し始めていることは大変喜ばしいことではないかと思います。まさに「松下幸之助経営への回帰」、「人間大事の日本的経営」こそ、日本経済復活への道であり、日本企業再生の扉であると、私は思っています。

日本は日本です。日本に欧米式の経営法をそのまま持ち込むのは、文字通り、「木に竹を接ぐ」ようなもの。木に竹を接いで、成功するはずがありません。欧米的経営をそのまま採り入れるのではなく、欧米的経営を参考にしながら、日本的経営をさらに発展進化させ、「新・日本的経営」を構築する努力こそ、いま、経営者にも経営学者にも、求められている課題だと思います。欧米かぶれの、格好いいことばかり言っていても、評論家としてはいいでしょうが、日本の経営者としては失格です。

これから、「偉大な経営者」たらんとするならば、人気取りや世間の受けを狙った一時の流行、外来経営法に惑わされず、「目に見える要因」と「目に見えない要因」の両方を重視する「日本的経営」に、しっかりと取り組むべきであるということは、いくら繰り返しても繰り返しすぎることはないと思います。

ちなみに、いま言われている「終身雇用、年功序列、企業内労働組合」が日本的経営の三種の神器と言われていますが、決してこれは「日本的経営」ではありません。この三つは、戦後の1950年代半ばに来日したアメリカの経営学者、ジェイムズ・アベグレンが、当時の日本企業を見て、分析しただけのもので、それ以上でも以下でもありません。現に戦前は、ジョブホッピング（技能や賃金の向上を求めて転職を繰り返すこと）が普通に行われていました。それが、終戦直後の、企業の回復過程で、また、その後の成長過程で、企業が、採用した社員に逃げられないように、福祉施設、制度などとともに、「三種の神器」を採り入れた。それをアベグレンが、日本的経営と捉えただけです。「日本的経営」がいかなるものかは、「鈴木正三、石田梅岩、渋沢栄一、松下幸之助の系譜を辿らなければならない」とは、故・山本七平先生の指摘です。その系譜を辿れば、「日本的経営とは、人間大事、業即信仰」ということになります。

「終身雇用、年功序列、企業内労働組合」は、決して「日本的経営」の本質ではないということを確認することが、日本企業復活の出発点になると私は確信しています。

これから行く料理屋さんは、わしのもんや

　松下さんが、昼の食事は、鮎を食べに行こうと言う。車に乗って、京都の北西、嵯峨鳥居本にある平野屋に行くことになりました。平野屋は、有名な高級鮎料理屋で、若い私には、なかなか行けないところ。そろそろ、車が平野屋に近くなった時、後部座席で横に座っている私に、突然、松下さんは、「この辺りは、わしの土地や。これから行く料理屋さんも、わしの店や」。そう言ったのです。

　松下さんのそばで仕事をするようになって、二年も経っていない頃だったと思いますが、私はその言葉を聞いて、えっ？　と思いつつ、さすがは天下の松下幸之助さんだ、と心の中で呟きながら、「そうですか、そうだったんですか」と感嘆しながら返事をしました。と、松下さんは、すぐに、「なあ、きみ、そう考えたら気が大きくならんか。心が大きくならんか。そう

いうふうに思ったほうが面白いやろ」と言うのです。返事に窮している私に松下さんは、次のような話をしました。

「もちろん、この辺りの土地も、これから行く料理屋さんも、わしのもんではない。けどな、そう考えたら愉快やで。この土地は自分のものやけど、自分は電器屋の仕事をやっておる。そやから、この辺りの土地まで管理するというようなことは出来ん。そこで他の人にお願いして、この土地の面倒をみてもらっている。そう考えれば、きみ、こういうところを通っていても、きれいに使おう、静かに走ろう、他の車に迷惑をかけたりしないようにしようと思うやろ。ましてや、ゴミを捨てたり、枝や花を折ったりはせんわね。自分の庭やからな。自分のものを他の人がお世話してくれているんやから、自然とそういう心持ちになるわけや。平野屋さんも、自分の料理屋さんやから、代金は払わんでもええわね。タダや。けど、自分のお店を、その人たちに頼んで、日々一生懸命にやってもらっておるのやからね。日頃の努力、今日のもてなしを思えば、それなりのご祝儀をわたしてあげんといかん。ご苦労さんです。よう頑張ってくれますな。そういうことや。料理代はタダやと。わたすのは、ご祝儀やと。そう考えれば、お店の人に感謝の気持ちも湧いてくるし、思わずやさしいひと言も出てくる。どや、気分が大きくならんか、きみ」

この時、松下幸之助という人は、面白い考え方をする人だなあと思いました。確かに、そう言われれば、そういう考え方も出来るなどと、外の景色を眺めながら思っていました。

そういう話を聞いてから、数日、いろいろと思いつくままに、考えたことを覚えています。例えば、毎日通勤で乗っている電車に揺られながら、この電鉄会社は自分のもので、しかし、自分は別の仕事をしているから、他の人に経営をやってもらっているのだと考えたりしました。そう思えば、他の乗客は、自分の会社の電車を利用してくださるお客様、となる。であれば、お客様と、席を争うことはいかがなものか、高齢者の方や、赤ん坊を抱いているお母さん方に、あるいは、体の不自由な方に、率先して席を譲るという気持ちも振る舞いも出てくるのではないか。

ブティックもそのように言える。そのお店は自分のお店である。しかし、自分は別の仕事で忙しいし、ほかのところで生活している。毎日、そのお店の経営者として取り組んでいけない。だから、適切な人に担当をしてもらっている。そういうことで、もちろん、そのお店に並んでいる品物は、タダ。しかし、そのお店を担当してもらっている人、あるいは手伝ってもらっている店員の人たちには、衣服、洋服、それぞれにふさわしいご祝儀をおいていく、手渡すというのが、人間としての礼儀だろう。ご苦労さん、ありがとう。そういう気持ち、心持ち。確かに、そうも考えられるかなあ、と思ったりしました。

そうだ。そう言えば、松下電器という会社も、松下さんの持っている資産も、実は私のもので、私は私の仕事があって、その経営にも管理にも手が回らないから、松下幸之助さんにやってもらっているのだと考えることも許されるわけか。なるほど、と合点し、思わず、愉快に思ったことがあります。

さらに発想を広げていくと、他人(ひと)のものは自分のものという考えになる。自分のものと思えば丁寧に扱うし、大事にするようになります。中には、自分のものだから、なにをやってもいい、勝手だろうということを考える人もいると思いますが、それは自虐症か、被虐症の人。たいていは、自分のものは、大事にし、持っているものには、愛着を感じるものだと思います。しかし、他人のものが自分のものという発想は、同時に、自分のものは他人のものということにもなるわけですから、自分のものと思っているものも、実は他の人からの預かりものということにもなります。自分のものだと思っているけれど、これは他の人のもの。他の人からの預かりものだと思えば、それは大事にしなければならないし、その保管、使用についても責任が出てくる。自分のものだけれど、自分のものではない。自分の身の回りのものは、公のもの。

多くの人からお預かりしたものという、そのような考え方も出来るのではないでしょうか。

松下さんの中で、「会社は公のもの」、「企業は公器である」という考え方は、非常に大きな意味を持っていたと思います。松下さん自身が、松下電器の成功した要因の一つに、「会社は公のもの、公の会社であると考え、社員に訴えたこと」を挙げているほどです。

「天下のヒト、天下のモノ、天下のおカネを活用し、天下のヒトたちの求めるものをつくり、あるいは売るということであれば、会社は、法律的には〝私企業〟かもしれないが、事実上は〝公企業〟。実際上は、〝公のもの〟、〝公器〟。必然、企業は天下のもの、公のもの、国民のものと考えるべきだ」というのが、松下さんの考えでした。そういう「会社は、公器」、「会社は社会のもの」、「会社は、国民全員のもの」だからこそ、会社を私物化してはならない、人々からのお預かりものだから、公明正大に経営しなければならない、人々の期待に背くようなこと、不正なことをしてはならない、という思いを持って、松下さんは松下電器の経営をし、また、自らを律していたのでしょう。

そして、社員もまた、「自分たちのことだけを考えてはいけない。お客様に迷惑をかけるような仕事をしてはいけない、欠陥製品をつくったりしてはいけない、不正をしてはいけない」

などと心に誓い、日々の仕事に取り組んだのではないでしょうか。「会社は公器」と考えることにより、松下さん自身も、社員たちも「働く者としての誇り」を感じていたと思います。

「この辺りの土地は、わしのものや」というひと言は、実は、松下幸之助という人の経営哲学にもつながるということに気がついたのは、私が、ＰＨＰ総合研究所の経営を担当するようになった、はるか後のことでした。

会社は私企業ではなく、天下の会社である

「会社は公器」ということについて、もう少し、お話しておきたいと思います。

「会社は個人のものではない、わしひとりのものでもなければ、社員一人ひとりにとっても個人のものではない。公のものである、と、そういうことを、常に言ってきたんや」

会社をやっていくにあたって、なにが必要かと言えば、まずお金でしょう。お金がなければ、会社をつくることも経営をしていくことも出来ません。しかし、そのお金というのは誰のものでもない。「金は天下のまわりもの」と言いますが、そもそも、公のものでしょう。

それにモノ（材料）。それも、もとを遡れば、天下のものと言えます。鉄にしてもアルミにしても銅にしても木材にしても、人間がつくり出したものではありません。それぞれを発掘し、

加工して、部品にしている、部材にしています。当然、ヒトも、私物ではありません。個人が所有しているものではないのです。ヒトというのは、誰のものでもない、もともと天下のもの。と考えてくると、経営の基本であるヒト、モノ、カネ。これ、「すべて公のもの」と言えるのではないでしょうか。まして、つくったもの、販売するものは、天下のヒトたちが求めるものです。

「そうであるとすれば」と松下さんは言うのです。

「天下のヒト、モノ、カネを預かって、そして天下のヒトたちに求めていただいて営む企業というものは、これまた天下のものと考えないといかんということやな。個人のものとは言えん。公のものということになるわな。だから、企業は社会のため、世間の人たちのため、役に立つような働きをしないといかんということになるということや。だから、われわれの会社は個人の会社ではありません、公の、天下の会社であります、われわれは、われわれ個人のために仕事をするのではありません。われわれ自身だけのために、経営をしているのではありません。社会の人々のため、社会の発展のため、皆さんの幸せのために、われわれは仕事をするんです、と、そういうことなんやということを、社員みんなに話してきたんや」

すると社員の人たちも、自分たち自身のためだけではない、社会のために働いているのだと考えるようになったというのです。仕事に誇りを持つ。なお一生懸命に仕事に取り組まなければならないと思うようになります。いわば「公に尽くす心意気」というものが、社員の中に生まれてきたということです。

「だから、会社は、発展につぐ発展という姿になったんや。社員が、そういう心意気というか誇りを持ったことが、松下電器の発展の理由の一つと言えるわけや」

一方、「会社は、私のもの、経営者個人のものだ」、「資金を出した株主のものだ」、「だから、社会に対して責任を持たなくてもいい」、「自分の会社が儲けたら、それでいい」、「法に触れなければ、バレなければ、なにをやっても、金さえ儲かればいい」というような、公の意識のない会社は、社会のことは考えませんし、口ではともかく、社会のこと、お客様のことも、心底、考えないでしょう。そういう意識だから、欠陥電気製品を造り販売したり、自動車の燃費消費データをねつ造したり、不正経理を長年にわたって続けたり、人の金をだまし取ったりなどというような、社会に害を流すことを平然と、平気で行うということをするのです。しかし、そのような会社が永続的に発展するはずがありません。

「小さいながら、我が商売というものは公のものである。法律上は私的なものであるかもしれないが、その本質というものは、公のものである、ということに気がついたんや。それは商売を始めて一四年ほどしてからやったな。それまでは平凡な勉強家（注：ひたすら仕事をしていたという意か）にすぎなかったと思うんや。けれども、そう気がついた時に、そこに一つの使命感が起こって、この使命に殉ずるのが自分の生きる道だということで、仕事をしてきた。それが非常に力強い一つの姿になったんやろうな」

商売人の使命感とはなんや

経営を進めていくには「使命感」と、それに基づいた「方針」というものがきわめて大切であると、松下幸之助さんは、至るところで、執拗なまでに指摘しています。

「我が社は、どのような使命を持って存在しているのか」——という使命感。それを前提にして、どのような方針、すなわち、「なんのために、経営を進めていくのか、どのような考え方で、取り組んでいくのか」という基本理念と、「なにを当面の目標にするのか」という具体的目標、そして「どの最終点に着地するのか」という最終的目標。使命感と方針の重要性を、松下さんは強調し続けていました。とりわけ、「使命感」の大切さについては、繰り返し経営を進めていくうえで、「大事なことだ」と話をしてくれました。

「ところでね。経営者の心構えとして、要求されるものはいろいろあると思うけれども、使命感というものやな。それをどの程度に持っているか、どの程度に自覚しているかによって、経営のいっさいに変化が生じてくるからな」

とは言え、松下さんも、事業を始めた当初は、経営をいったいどのように進めていけばいいものやら、見当もつかなかったそうです。

「いま振り返ってみると、店をつくって最初は、ともかく食べていくために、仕事をしなければならんかったから、一つ電気器具の製造でもやろう、という、きわめて平凡な考えであったわけや。しかし一年経って五、六人の人が働くようになると、その人たちの将来ということも、考えなければならん。また、お得意先も何十軒も出来てくる。やはりその人たちの立場というものも考えんといかん。自然にそこに責任感も生まれ、小さい町工場ながら、なんとはなしに、使命感というものを感ずるようになったな」

使命感といっても、その頃の松下さんの使命感は、社員の生活を考えないといけない、お得意先の立場を考えないといけないという、その程度の使命感。使命感というより、責任感と言ったほうがいいのではないかと思います。

「そういうことやったけど、なにか、心が落ち着かんのや。商売をやっとっても、こういうことをやっていてもいいんやろうか。なにか、好ましからざることをやっておるのではないか。そういう思いがふつふつと湧いて、どうにもならんのや。商売がうまくいっておるのに、毎日、気が重い。それはな。わしの店の近所に同じ仕事の店を出した人がいて、それでおのずと競争になる。お互いに仲良く話をするけど、商売については、競争になる。ところが競争になれば、たいていわしのほうがうまくいくんや。それはいいのやけれど、その店がだんだん不景気になって、ついには潰れてしまった。競争だから仕方ないと言えば言えるが、さあ、わしの気持ちは滅入るわけや。困った。こちらが良くなれば向こうは悪くなる。あの店を潰したのは、わしやないか。わしに責任があるのではないか」

そのようなことがあると、果たして自分は、いまの商売をしていていいのか、商売は、結局、仲間を潰すことではないか。そのような悩みが生まれてきたそうです。必然、仕事に取り組む力も弱くなってきます。松下さんは、なぜ自分は電気器具をつくって商売をしているのか、果たしてこれでいいのかと考え込む。こういう悩み方は、物事を深く真摯に考える、いかにも松下さんらしい考え方だと、私は思いますが、松下さんは、この時、いくら考えても、結論は出せませんでした。そのような折も折、天理教の信者の知人が、松下さんに入信の勧誘に何回も通ってきます。

「昔な、取引先の人が来てな。その人はある宗教の信者の人やったけど、わしに信者になることを熱心に勧めるんや。わしは信者になるつもりはなかったから、話は聞くが、まあ、しばらく考えましょうと、こういうことで帰ってもらっておった。けど、その人が、何度もやってきて、えらい熱心なんや」

とうとう、その人の熱心さに押されて、その宗教の本部を見学することだけはしてみようという気になったということです。連れられて行くと、そこには驚くような光景があったと言います。街の半分と言ってもいいほどの敷地というか、境内の広さ。主だった建物。教団の施設。そして、本殿に案内されると、今度はその建物の大きさに圧倒される。それだけではありませんでした。信者の人たちが、みな生き生きと働いている。初めてなのに笑顔で挨拶してくる。境内隈なく、箒（ほうき）で掃いている。境内は塵一つ落ちていない。見事という以外にない。本殿の廊下では、十数人が懸命に雑巾がけしている。

「思わず本殿の前で頭を下げたことを覚えているな。なんとなく、そういう気持ちになるんや。そうなるような雰囲気やったな」。その人の案内で境内を歩いていると、建築中の教祖殿があり、そこでも多数の信者たちが無料奉仕で働いていました。どの人も、どの信者の人も、みな汗を流し、ひたすら、それぞれの仕事に取り組んでいるのです。知人は、最後に松下さんを製材所に案内してくれました。仮の製材所ではないのです。こんな大きな製材所をつくって、どうするのだろう。こんな立派な機械を設置してどうするのだろう。しかも、一〇〇人もいようかという人々が作業している。毎日毎日、たくさんの人がそれだけの製材に従事していれば、やがて建築中の教祖殿が完成する。そうなれば、この製材所も要らぬようになるのではないか。こんなに本格的な製材所でなくてもいいのに、と松下さんは思ったそうです。

そこで、案内してくれた知人に訊ねますと、笑いながら、「松下さん、そんな心配はいりません。いま建築している教祖殿を建て終わっても、次から次へと建物が必要になります。そういう建物を建てるために、当面、この製材所が不要になるというようなことはありません」と言われ、松下さんは吃驚したそうです。こうして一日、天理教の本部、境内を案内してもらった松下さんは、そうとうな衝撃を受けたと言います。

「帰りの電車の中でも、その境内の光景が走馬灯のように頭の中を駆け巡る。昨日まで悩み続けていたことを合わせ考えて、なんという違いだろうと思ったな。同業者が潰れると、自分がなにか悪いことをしたのではないか。利益を上げれば、金儲けのために店をやっておるんじゃないか、そういうことでいいのだろうか。なにをやっても、うしろめたさを感じ、力強さが出てこんのや。世間的にも、商売人と言って蔑(さげす)まれる。それに引き換え宗教は、ということやな。わしの頭の中では、どうして宗教は、あのように力強く、盛大と言えば盛大、かくも力強い様相を呈しているのか。電車の中で、そういうことがぐるぐると巡るわけや」

考えてみれば、宗教は、人間の心の安心、そして、心、いかにあるべきか、ということに取り組んでいる。確かに、人間には心の教えが大切だから、それを大事にするということは分かる。しかし、翻って、物も大事だと言えるのではないのか。心の面でも救われるが、物の面でも、救われてこそ、はじめて人間は幸福になることが出来る。精神的にも救われ、物質的にも救われる。いわば、「物心一如」ではないか。であるとするならば、物を扱う商売もまた、宗教と同様に尊いはずだ。また、社会的に、宗教と同様に、社会からおおいに評価されていいはずではないか。人間を救うという意味からすると、宗教も商売も同じ次元のもののはずだ。そして、そういう思いが、松下さんの心の中で、頭の中で、巡り巡っておさまらない。どうしてか。どうしてなのか。宗教への高い評価に対し、商売は軽蔑される。なぜか。なぜだろうか。電車の中で、ぐるぐると考えていると、ハッと気がついたのです。松下さんは、そうだ、そういうことなのだと思いついたのです。

「それは商売に使命感がないからや。宗教には人間を救うという、大きな使命感がある。それや、それなんやと思ったな。それに引き換え、商売には、そういう使命感がない。そういう使命感なきまま、いまのままではいくら熱心に経営を行っていても、力強い行動は行われない。また、世間から蔑まれ、軽蔑され続ける。そこで、また考えたんや。それでは商売をする者の使命は、なにかということやね。なんやろうか。あれやこれやと考えた結果、そうだ、これやなと思った。それはね、貧をなくすことや、世の中を豊かにして、貧をなくして人々を救うことや。この世から貧をなくすこと、物によって人々を救う。これが、わしら商売人の使命なんや。そう、わしなりに気がついたんや。うん？　悟った？　まあ、そうやね、わしなりにやけど。そして、この時が、わしの経営を進める基本の考え方になった瞬間やな。そういうことで、物によって人々を救うという使命感。そういう使命感を持ってから、わしは自分の事業を一段と力強く進めることが出来るようになったんや」

と言っても、その悟り、ひらめきは、天理教の本部を見学したことが直接的誘因だとしても、松下さんの、他の話も聞き合わせると、それまで考え続け、悩み続け、その時々に、あれやこれやと考えていた、その幾つかの断片的な考え方が松下さんの頭の中で浮遊していたのではないか。池に氷が張る時は、小さな氷片が幾つも出来たあと、それらが一瞬にしてくっつき合い、池全体に氷が張る。まさに、その天理教の本部の見学は、それまでの松下さんの浮遊していた断片的な思いが、化学反応を起こし、使命感を悟るうえでの、最後のひと押し、まさに、松下幸之助さんの経営を決定づける「経営思想のビッグバン」のきっかけになったのではないでしょうか。なにごとも、悩み考え続けなければ、悟ることも出来ないからです。

使命感を悟る、感じ取ることの困難さは、言葉で説明することは不可能かもしれません。松下幸之助さんといえども、悩みに悩み抜き、苦しみに苦しみ抜き、考えに考え抜いて、ようやく使命感を感得しているのです。結局は、経営者が、指導者が、自身で悟る以外ないということです。大勢の社員の命運がかかっています。

経営者は、社長は、いわば命懸けで悩み、考えて悟らなければならないのです。いかに難しくとも、使命感を感得、会得しなければなりません。そして、その「使命感」に基づいて、「方針」を決めないことには、経営を堂々と力強く進めていくことも、決して出来ないということを、経営者も責任者も、指導者たるすべての人も覚えておく必要があると思います。

いいものを、安く、たくさんつくることは、いつの時代でも大事なことや

商売をする者の使命はなにか。この世から貧をなくすことである、世の中を豊かにすることである。物の面から人々を救うことである。松下幸之助さんの、その「悟り」は、具体的に、「いいものを、安く、たくさん」という言葉で表現されるようになります。

「ものを豊かにすることによって、人々を救うこと」が商売を、事業をする者の使命だとして、それでは、どうすれば、実現出来るのか。「いいものをつくる」ことは当然だろう。しかし、それだけではいけないのではないか。さらに、お客様に納得してもらえる、また、商売をしている者も納得出来る値段、そのような「安い価格」でなければならないのではないか。加えて、お客様に不便を与えることなく、供給が過不足なく、十分にたくさん行われなければならないのではないか。そう考えてくると、「いいものを、安く、たくさん」お客様に提供する

ことによって、豊かな社会を実現出来ると考えられるのではないかと思い至ったのです。

それを例えて言うには、どういう説明をすれば、多くの人たちに理解し、共鳴してもらうことが出来るだろうか。そう考えていた松下さんは、ある日、道を歩いていると、通りすがりの人が道の端にある水道の栓をひねって、存分に水を飲んでいる姿を目撃します。しかし、誰も、またその所有者たる家人も、その無作法を咎めることはあっても、水そのものを盗ったことは咎めないのです。

その時、松下さんの脳裏を閃光が走ります。そうだ。「いいものを、安く、たくさん」という考えは、水道の水と同じではないか。「いいものを、安く、たくさん」提供することによって、この世から貧をなくし、罪人(とがにん)をなくすことになるのだ。現に、盗水しても、咎められないのは、水道水に価格があるにもかかわらず、その量があまりに豊富だからである。まさに、生産者の使命は、貧をなくすために、貴重なる生活物資を水道の水のごとく無尽蔵たらしめることにある。どれほど貴重なものでも、量を多くして無代に等しい価格をもって提供すれば、物質的に豊かになるだけでなく、心も豊かにすることが出来る。物の豊かさを通して、心を豊かにし、人々を幸福にし、この世の中に平和をもたらすことが出来る。産業人の使命は、「いいものを、安く、たくさん」提供することによって、平和と幸福と繁栄を実現することにある。そこまで考えてきた時、松下さんは、ふうっと大きく息をしたそうです。

「いわば水道の水のように、いいものを、安く、たくさんつくるということは、いつの時代でも、むろん、これからの時代においても大事なことや。それはまた、事業をやっておる者の闘いでもある。売れるからと言って、高い値付けをしておると、最初はともかく、すぐ売れなくなる。ほんとうに価値ある商品を出す。いいものを、安く、過不足なく出す、提供する。こういうことを、根底に商売をせんと、店も会社も、やがては潰れることになるな」

松下さん自身は一度も、このような考えを自身で、「水道哲学」と称したことはありませんでしたが、この話が広まるにつれ、巷間、これを「水道哲学」と多くの人たちが言うようになり、多くの人たちの間で膾炙（かいしゃ）されるようになりました。

さて、時折、表面的な理解だけで、いわゆる水道哲学を批判する識者がいますから、少し補足することをお許しいただきたいと思います。日本は「もの」が豊かになったから、もうそのようなことを考えなくてもいいのではないかという人がいます。しかし、そうでしょうか。貧富の格差が言われるようになりました。ならば、「いいものを、安く、たくさん」という考えは、時代に合わない。「いいものを、高く、少なく」と言える勇気があるのでしょうか。言えるとすれば、富者の側に立った、あまりにも傲慢な主張と言えないでしょうか。

必死になって生きている、貧しい生活をしている人のことを忘れてはいけません。もちろん、収入を増やす、可処分所得を拡大する。その結果の「高く」、「少なく」ならばまだ許せます。その有効な政策を持たずして、「いいものを、安く、たくさん」という考えを批判することは傲慢であり、上から目線の愚論ではないでしょうか。

さらに、目を世界に転ずれば、先進国と言われているところは、ほんのひと握りです。人口的に言えば、8割、9割の人たちが、いまなお貧しい生活をしています。我が国の状態だけを見て、もう十分に安いと考えたとすれば、それは豊かな国の傲慢というものです。その現実を、理屈ではなく、直視して考えれば、やはり「いいものを、安く、たくさん」という使命は、ますます人類の責任として堅持していかなければならないと思います。

まして、そのようなところで「まず、心の豊かさを説くこと」が人道的と言えるでしょうか。国連救助隊からもらったミルクをこぼし、そのミルクを含んだ砂を集めている女の子の前で、道徳を説き、人倫を説く。おおよそ、そのような無慈悲なことは出来ないのではないでしょうか。人の道を説く前に、その女の子に「コップいっぱいのミルク」を与えるべきではないでしょうか。

松下幸之助さんは、それゆえにこそ、まず物的豊かさを実現し、のちに精神的豊かさを説くべきだと考えたのです。孔子の『論語』の中にも、貧しい国に行った時、孔子は、「ここではまず経済的な豊かさを実現し、しかるのち人の道を教えよう」と言っています。『管子』に「倉廩実ちて、すなわち栄辱を知る」とありますが、松下さんも同様な考えだったのでしょう。そういう考えが、のちに、松下幸之助さんの「繁栄によって平和と幸福を（Peace and Happiness through Prosperity）」というPHP運動へと発展していくのです。松下さんは、あくまでも「through Prosperity」であり、「繁栄によって」であり、そこに松下幸之助独自の実践哲学があることは理解しておく必要があるでしょう。中には「物心一如の繁栄」と言う人たちもいますが、それは明らかに間違い。繁栄という言葉に「心の豊かさ」はありません。Prosperityという単語に「心の豊かさ」はありません。あるのは、物質的豊かさ、金銭上の成功という訳です。物中心という批判をかわすため、十分考えもせず、「物心一如の繁栄」という矛盾の言葉遣いは、ポピュリズム以外のなにものでもなく、松下さんの真意を理解していない、「悟り」を理解していない、軽薄な理解と言えると思います。

産業人、企業人が「いいものを、安く、たくさん」という課題に挑戦しなければ、技術は進展しませんし、創意工夫も生まれてきません。生まれてこなければ、「茹(ゆ)でガエル現象」で、その企業、お店の将来は絶対に存続し得ません。もし、松下さんの「いいものを、安く、たくさん」に異を唱えて、その反対の経営、商売をやるんだというのなら、どうぞご勝手に、どうぞご自由におやりになればいいのではないでしょうか。

考えてみれば、「いいもの」というコンセプトと、「安く」というコンセプトと、「たくさん」というコンセプトは相矛盾する三つの考え方であると言えるでしょう。「いいもの」をつくろうとすれば、手間もかかりコストも高くなる。それを「安く」、「たくさん」つくるというのは、不可能に近い至難なことです。その不可能を可能にすべく、科学者、技術者、産業人が必死の努力をしたからこそ、今日の発展をみることが出来た。「いいものを、安く、たくさん」つくっていく努力が、技術革新を次々に起こしてきたのではないでしょうか。

「いいもの」というのは、品質や性能や利便性がいいということだけではいけません。材料はほんとうにいいのか。自然や人間の生存を脅かす材料、製造法では、とても「いいもの」とは言えません。自然を壊すような、人を害するような材料を、もし使っているとするならば、いくら性能がいい、利便性がいいと言っても、それは「いいもの」であるわけがありません。一つの製品が十分に役目を果たして捨てられる時まで、人間や自然に迷惑をかけない、そういう製品が「いいもの」。環境問題が重要な課題であるこれからの時代には、「いいもの」をつくることがますます必要とされていることは、先刻ご承知のことと思います。

「安く」ということも、まだまだ追求が必要でしょう。買う人も納得、売る人も納得の価格。それが「安い」ということ。適正価格ということは、そういうことでしょう。売る人が、大儲けし、買う人が大損する、あるいは、売る人が大損をし、買う人が大儲けするという価格は、決して「適正に安い価格」ではありません。それは、「不当価格」、「不適切価格」と言います。とは言え、その「安い」がほんとうに安いのか。「適正に安い価格」がほんとうに適正に安いのか。産業人、企業人の挑戦はここにあり、経済が始まった大昔から、産業人の、企業人の、商売人の追求してやまない「永遠の課題」であることは論を俟たないと思います。

そして「いいものを、安く、たくさん」提供することが、王者たる人間、偉大なる人間に対する「根本礼」だという考えが、松下さんの思考の根底にあることは言うまでもありません。

心を許して遊ぶ社長は、経営者として失格や

松下幸之助さんのそばについて四、五年目ぐらいの頃でした。西宮の家の庭の茶室で、二人でお茶を飲んでいました。お薄（うす）を飲み終わると、しばらく雑談。夏でしたから、暑いとか、最近の政治とか、そのような雑談だったと思います。ところが、それまでわりとやさしく話していた松下さんが、こう言うのです。

「きみ、心を許して遊ぶという言葉があるやろ。けどな、心を許して遊ぶ人は、経営者にはなれへんで。心置きなく眠る人もいるやろ。そういう人も経営者たる資格はないな。信長な、織田信長。考えてみいや。あの信長は、酒を飲んでいても隣国のこと、敵国のことを忘れてることはなかったやろうな。まあ、命を懸ける覚悟というものがなければ、全国をまとめるということは出来んかった。経営者とて同じことや。心を許しては遊ばんという覚悟、命を

懸ける覚悟がないと、経営者になるべきではないな」

まだ若かった私は、ただただ恐れ入り、「そんな厳しいものですか」という返事をするのが精一杯でした。しかし鮮烈な言葉ゆえに、その時の松下さんの姿とその言葉は、以後、私の脳裏から消えることはありませんでした。

確かに、いま振り返ってみても、松下幸之助さんは、決して経営のことを完全に忘却するような人ではなかったと思います。まさに経営に全身全霊を傾注していました。会社にいる時は当然のこと、たとえテレビのCMを見ている時でも、自社製品はどうなっているのか、お客様に十分に喜んでいただける商品を出しているのか。車に乗っていても、ナショナルの看板も店も見当たらないこの辺りは、商品が売れているのだろうか。疑問に思うとすぐ担当者に電話をして確認する。時に具体的に改革の指示をする。呼んで状況報告をさせる。あるいは、考えて、ヒントを得ると、すぐに実行に移す。寝ていても、経営を考える、仕事を考える。はたまた日本を考えるなど、ひとときも心を許していることはありませんでした。

松下さんに、「きみ、いま、社員は何人や」と聞かれたことがあります。その時は、二五〇人前後でしたから、そのように答えましたら、即座に、「そうか、まあ、一〇〇〇人やな」と言います。「いや、二二五〇人です」と追いかけ答えますと、松下さんが、「きみ、二二五〇人やけど、その人たちには奥さんもいる、家族もいるやろう。人それぞれやけど、まあ、一人の社員が三人の家族の面倒を見ていると考えれば、二二五〇人やなくて、一〇〇〇〇人と考えんといかん。君は一〇〇〇〇人の人たちの生活を預かっておるという、そういう思いで経営をせんといかんな」。

経営者は、数人、数百人、数万人の社員とその家族の生活を、生命を左右する責任があるのだという、この時の松下さんの言葉も忘れられません。だとすれば、経営者は経営に心許すことなく、まさに、人生から仕事を引いたらゼロ（人生－経営＝0）になってもいい、というほどの覚悟と実践がなければならないということになるのではないでしょうか。松下幸之助さんは、経営者としての七〇年間を、命を賭(と)して、経営に取り組んだと言えると思います。

そういうことでは身が持たない、たまには、まったく経営から離れて、頭の中を空っぽにしなければ、ストレスが溜まるという人は、経営者たる資格はない。松下さんの言葉は、厳しすぎるかもしれません。しかし、少なくとも会社の中で、一人ぐらいは、命がけで経営に取り組む人がいなければ、その会社は発展しないのではないでしょうか。そして、その「一人」と言うならば、当然、経営の最高責任者である経営者、社長ということになります。社員と同じように、心を許して、頭を空っぽにして、遊びに行きます、ゴルフに行きます、休みもとります、ということが許されるはずもない。「心を許して遊んではならない」。松下さんの経営者としての覚悟を垣間見ることが出来る言葉ではないでしょうか。

「先憂後楽（せんゆうこうらく）という言葉があるやろ。せめて一つの組織の最高指導者ぐらいは、先憂後楽の心掛けがないとな。社員と同じように遊び、社員と同じように休みをとる。むろん、遊びも休みも大事なことや。けど、社員と同じ、いや、それ以上に遊び、休むことが必要だという考えで、そういうことを言っておっては、あかんな。そんなことを言っておって、なおかつ経営が成功するなどということはあり得ないことや。経営というのはそんな簡単なものではないわ。およそ経営者たる者は、社員より先に憂い、社員よりも後に楽しむということでなければあかんね。社員が遊んでいても、自分は常に働いている。遊んでいるようでも頭は常に働いている。先憂の志があればそうなるものや。また、先憂ということは、先に発意ということにもなる。社員の誰よりも先に発意し、案ずるものを持たなければあかん。そうでなければ、経営者として失格や」

松下幸之助さんは、こと経営者に対しては、相当厳しい考えを持っていたと思います。卑近な例で恐縮ですが、私が松下さんの秘書の時と、ＰＨＰ総合研究所の経営担当責任者に就いた時とは、天地の違いほどの接し方、厳しさがありました。一般社員には、優しい人でした。しかし、経営担当責任者には、時に過酷なまでに厳しかったと思います。ただ、その厳しさの表現に、根底に流れる松下さんの「人間誰でも偉大」という人間観がありましたから、私だけでなく、どの経営担当責任者も「厳しさの中の温かさ」を感じていたのは事実でしょう。

「自分はこの仕事に命を懸けてやっているのかどうかと、これまで困難な問題に出くわすたびに自問自答してきたな。そうすると、どうも自分は、命を懸けるような思いでやっていなかった。そう思い、反省することが多かった。それで、心を入れ替えて、その困難に向かっていく。そういうことの繰り返しやった。そうすると、そこに勇気が湧き、困難も困難とならず、新しい創意工夫も、次々と起こってくるんや。わしは、そういう体験をたくさん持っているな」

経営者が、自分はみんなのために死ぬという覚悟、部下のために死ぬという覚悟を持っていれば、それはみんなに分かります。人生－仕事＝０という思いで経営に取り組んでいれば、それは社員全員に分かります。それがなければ、部下が心から敬服して、指導者なり、経営者についていくというようにはならないでしょう。

幕末・維新に活躍した山岡鉄舟が、侠客・清水の次郎長に訊ねた有名な話があります。鉄舟が、次郎長に訊ねます。「お前のためならと、命を投げ出す子分はいったい何人くらいいるか」と。すると次郎長は即座に、「一人もおりません」と言う。そしてすぐに言葉をつないで、「しかし、あっしは子分のためには、いつでも死ねますぜ。自分の命を子分のために投げ出すことは、お安い御用です」と答えたという。経営者、責任者、かくあるべし。この次郎長の言葉に感動を覚えない人はいないでしょう。

これまた、有名な話ですから、多くの方がご存知だと思います。あの秀吉が毛利と戦った時、備中(岡山県)高松城を水攻めにしました。長大な堤を築き、近くの川の水を流し入れて、城の周囲を湖と化し、孤立させました。秀吉の大軍に囲まれ、水のため援軍の手も絶たれた高松城では、食料も尽き果て、城兵はただ死を待つのみという状態に陥ったのです。

その時、城の守将である清水宗治(むねはる)は、自分の首と引き換えに城兵の命を助けるという、秀吉の講和条件に喜んで応じます。そして、自ら船を漕ぎ出し、敵味方の見守るなかで、従容(しょうよう)として切腹したと伝えられています。部下の命を救うということが、戦国の武将としての一つの心構えだったのです。よく、「一将功成りて万骨枯る」と言われます。しかし、ただなにもなくて万骨が一将のために命を捨てるものでもないと思います。その裏には、清水宗治のように、戦い利あらざる時は、責任を一身に担い、自分の命を捨てて部下の命を助けるという、大将の心意気と責任感があって、それが部下をして身命を賭してまで、働かせる力になっていたのではないでしょうか。

このことは今日の指導者、経営者にも、当然、通じることだと思います。幸い今日の時代においては、実際に命をとられるということはありませんが、いわばそれほどの思いを持って経営にあたらなければ、成功は期し得ないのは、いつの時代でも変わらないと思います。

素直な心があれば、なにが正しいかがおのずと分かるわけや

「『指導者の条件』という、わしの本があるわね。確か、100項目ほどの条件を挙げたと思うけどね。いちばん大事な条件の一つと言えば、人柄やなあ。結局はこれに尽きると言っても、かまわんほどや。経営者に限ったことやない。あらゆる指導者には、このことが強く望まれるな。暖かい心というか、思いやりの心を持っておるかどうかということや。ほかの条件が揃っておっても、この人柄というか、人間性というか、そういうものがよくないと、結局は、すべてがうまくいかんね」

「人柄」を松下幸之助さんが重視していたのは確かです。まさに、実際に自分で企業を興し成功させた人ならではの思いではないでしょうか。社員みんなが力を合わせて仕事に取り組んでいる。助け合って力を合わせて、一生懸命働いている。そのことに対して、経営者が、有難

いなあ、よく頑張ってくれているなあ、という感謝の気持ちがあれば、おのずから社員の人たち、部下の人たちへの思いやりの心、温かい配慮が湧いてくるのではないでしょうか。ああ、有難いという感謝の気持ち、そして、心配り、暖かい心。なにも部下だけではありません。誰に対しても、そういう人柄であることが、とりわけ指導者、経営者たる人にはなければならないでしょう。

そのような温かい心、温かい雰囲気。暖かい言葉。その人柄の有る無しによって、人々が慕ってくる、離れていくということになるのは当然ですから、そうなれば、指導者、経営者の統率力にも、情報力にも大きな差が出てくるということになります。極端に言えば、人柄がよければ、「黙して人を動かす」ことも出来るのです。人柄は、また、人間的魅力ということになりますし、また、よく言われますが「人望」、「人徳」ということになるのかもしれません。いずれにしても、指導者、あるいは経営者は、よき人柄を身につける努力を怠るべきではない、と松下さんは言いたかったのでしょう。

「それから、誠実でないとな。ものごとを真面目に考え、振る舞うということも大事やわね。一生懸命、誠実に考える。行動して、仕事に取り組まんとね。指導者とか経営者は、とりわけ誠実でないといかんね。上（＝指導者、経営者）が、誠実でないと、あと（＝部下や社員）も、みな上に倣って、まじめに仕事をしなくなる。昔から、〝下、上に倣う〟とか、〝上を学ぶ下〟とか言うやろ。部下は、指導者を見ておる、社長を見ておる、上司を見ておる。まあ、見ておらんということはないわ。見ておらんようで見ておるのが部下や。そういうもんやで。そやから、指導者とかな、経営者は、普通にもまして一層、誠実でないと、その組織、その会社はメチャクチャになるわ」

社長が、交際費を使って、毎晩のように飲み歩く、毎週のようにゴルフに行くということは、よく聞く話です。また、実際に、ある社長に取引先の担当者が、つぎの休日にゴルフに行きませんかと誘うと、その社長が、休日はやめてくれ。平日にしてくれ。休日に行くと、家族サービスが出来ないと言ったということです。ということは、社員が一生懸命、仕事に打ち込み、汗を流している平日に、その社長は、接待ゴルフに興じていることになります。それでは、社員はついてこないでしょう。あるいは、自分は、たびたび、遅刻して出社したり、常に会議に遅れてきたりしながら、社員に、遅刻をするなというのは、決して誠実ではないでしょう。

不正経理を黙認しながら、あるいは燃費不正データを承知しながら、ということであれば、組織全体が、会社全体が、社員皆が弛緩するのは当然の成り行き。「これぐらいの意識」が、組織を、会社をゆっくりと衰退へと導いていくのです。指導者、経営者の「誠実さ」、とりわけ「小さな誠実さ」を大切にする心構えが、大きな成功、大きな発展につながっていくことになります。「小さいこと」を、われわれは案外、軽く考えてしまいがちです。いま、申しましたが、「たかが遅刻」と思う人もいるかもしれませんが、その「たかが」が重要だということです。

ニューヨークは、1980年代から、犯罪が多発する街として世界的に有名でした。しかし、1994年にルドルフ・ジュリアーニという人が市長になると、彼はアメリカの犯罪学者、ジョージ・ケリングの「破れ窓理論(Broken Windows Theory)」を応用して、五年間で劇的に治安を取り戻し、観光客も戻ってきたという事例はご承知だと思います。この「破れ窓理論」は、簡単に言えば、「建物の窓が小さく破れていても、これを放置すると、誰も無関心、注意を払っていないという象徴になり、やがて他の窓も壊されるようになる」という環境犯罪学上の理論です。

「たかがこれぐらい窓が破れていてもいいだろうという小さな事実」が、「拡大する犯罪」「大きな犯罪」へとつながっていくのです。先ほど、お話したことは逆の例ですが、なにごとも同じことです。「小さな誠実の積み重ねが大きな発展」ということは、この「破れ窓理論」

と共通するところがあるようにも思います。指導者、経営者は、この「誠実さ」、「小さな誠実さを積み重ねる誠実さ」を大切にすることが肝要ではないでしょうか。

「経営者は素直でないといかん。極論すれば、この素直な心を、もし完全に身につけておれば、他は、なんもいらんとも言える。素直な心だけでいい。そやろ。素直な心であれば、なにが正しいか、なにをしなければならないのか、ということがおのずと分かるから、この素直な心を身につけることに成功するならば、もうこれだけで十分だと言える。それほどのもんや」

素直な心については、いままで幾度も記述してきたと思いますから、ここでは、繰り返しませんが、松下さんの「素直な心」は、よく言われている「子どものような素直な心」ではありません。子どもの心は「無知の心」でしょう。騒いではいけないところで騒ぐ。危ないところにも行って怪我をする。命を落とす。それを「素直な心」と言えるでしょうか。仏教で言う「無の心」も「空の心」も、「無知の心」とはまったく異なります。よく、「とらわれない心、こだわらない心、偏らない心。これが般若心経の空の心です」と言われますが、これも「無知の心」ではありません。

「空の心」も、「無の心」も、この世のすべてを承知したうえで、なお「空」であり、「無」である心を指すのではないでしょうか。ですから、座禅を組むことが大事ということになるのです。松下さんの言う「素直な心」も、「子どもの心」でも「無知な心」でもありません。松下さんの「素直な心」は、「正しさに添う心」、松下さん流に言えば、「天地自然の理法に従う心」ということです。

指導者は、経営者は、常に、この判断が正しいか、この行動が自然の理法に則しているか、それが求められているということです。「我に私心なきや」、「自然の理法に悖(もと)りしことなかりしか」、「我、素直なりしか」ということでしょう。そのような心を、指導者なり経営者が持つということが、松下さんからすれば、「絶対的条件」だということです。

まだ、他にも、松下さんは私に、いろいろ話をしてくれましたが、しかし、指導者にしろ、経営者にしろ、哲学があって、知恵も出し、迅速に動き、周囲を感動させ、命がけで経営に取り組み、人柄もよく、人徳もありということになりますが、先述の『指導者の条件』で、松下さんは、その「あとがき」で、１００項目前後挙げて、完全に行うことは難しいとしても、「どの一つをとっても指導者として欠くことが出来ないもの」と言っていますから、ここに紹介したことのどれも、指導者として、経営者として必須のことということになると思います。

成功を望むなら、発展を望むなら、指導者、経営者たる立場に立った人は、ここまで松下さんが話したことを幾つか、思いつくままに書いてきましたが、それぞれの条件に近づくよう努力しなければならないのではないかと思います。

冷静に物事をな、考えて、それからそっと情をつけや

ＰＨＰ研究所の経営を任されたのは、私が36歳の時でした。家に電話があり、ひとしきり雑談したあと、「ところで、きみ、明日からＰＨＰの経営をせいや」と突然に言われたのです。私は、あまりにも唐突な話でしたので、思わず、「はい」と返事をしてしまいました。「そうか、きみ、やってくれるか」ということで、電話が切られました。

それから私の心の中での狼狽が始まります。どうしようか。はい、と返事をしてしまったけれど、松下さんの周囲でウロウロしている程度の仕事しかしていない。さあ、どうするか。どうしようか。その晩、ついに一睡も出来ませんでした。真っ暗の部屋の布団の中で頭は冴える一方。悶々としているうちに、夜は白々と明けてきました。そして、私は断る決心をしました。出来ないものは出来ない。自信がないものは自信がない。辞退しようと心に決めました。

翌日、松下さんが京都の、もう一つの私邸である楓庵にいましたので、連絡して出向きました。途中何度も断る練習をしたことを思い出します。寒がりの松下さんは、4月下旬でしたが、炬燵に入っていました。「まあ、きみも炬燵に入れや」と言われましたが、4月下旬といえば、もう寒くない時期ですし、なにしろ電車の中を走るような思いで来て、背中に汗を感じていましたので、炬燵に入るわけにもいきません。しかし、「入れや」と優しく声をかけてくれた松下さんの気持ちを無にすることも出来ませんので、正座して、膝のところだけに炬燵布団をかけました。

「なんや、きみ、なにか用事があるんか」。「昨夜、申し付けられたＰＨＰの経営担当の件ですが」。「うん、それがどうしたんや」。緊張しながら、「いえ、まことに有り難いご指示だと思います。しかし、昨晩いろいろと考えてみましたが、いままで経営などということを考えたこともありませんし、自信もありません。申し訳ありませんが、ＰＨＰの経営担当の件、ご辞退させてください」と頭を下げると、意外にも松下さんは、「ああ、そうか、きみ、出来へんか。なら、しゃあないな」と、特別に怒るふうでもなく、いつもの雑談の口調で言ってくれました。「ありがとうございます。次は、自信を持ってお引き受け出来るように、これから意識して、もっと勉強します」と頭を下げました。私は、よかった、助かったと思いました。同時に、すうっと気が抜ける感じがしました。

そして、いつものように、ごくごく普通の雑談となりました。雑談しながら、「きみ、みかん食べよう」と松下さんが言う。その頃は土日も含めてほとんど毎日会っていましたから、これといって改まったことを話すわけでもなく、しばらく雑談が続きました。と、松下さんが、「まぁ、きみ、いっぺんやってみいや」。こちらは、もう経営担当の話は済んだと思っていましたから、まさかと思いつつ、断ったのにもかかわらず、そのように言ってくれる松下さんに再度断る気の強さもなく、「は・い…」と答えました。仕方がない。やれるだけやってみよう、そう覚悟しました。

その時松下さんは、「やってくれるか」とゆっくりと頷くと、穏やかに、しかし確認するような口調で次のように言ったのです。「きみ、これからは、冷静に物事を考えてな、それからそっと情をつけぇや」。

この言葉は、私がその後、経営を行う上での一つの指針となりました。体験を経るにつれて分かってきたことですが、「冷静に」というのは、なにものにも捉われず、素直に考えて判断し、決断し、実践すべきは実践するということ。しかし、素直に冷静に考え、決断し、実践するだけでは、冷たくなりがちです。ですから、そのあと、必ず温かい配慮を添える、情を添えることが大事だということ。それによって、社員は、部下は、指導者に、経営者についてきてくれるということです。要は、筋論だけで、理屈としては成り立っても、組織も会社も全体として発展もしなければ、社員も部下も、得心し納得しないということです。

ある人に辞めてもらわなければならないことがあります。あるいは、仕事を代わってもらわなければならないことがあります。そういう時には、気の毒だというところもあります。指導者、経営者として切ない時もあります。しかし、そのような場合、辞めてもらいます、代わってもらいますだけではダメです。「泣いて馬謖（ばしょく）を斬る」という言葉がありますが、その「泣いて」というところが必要だということです。

『三国志』にありますが、馬謖は中国三国時代の蜀の武将です。馬謖が街亭の戦いで、大将の諸葛亮（孔明）の指示に背いて戦いに敗れてしまいます。馬謖は、諸葛亮の愛弟子。しかし、軍律に背いたということで、諸葛亮は馬謖を処刑することに踏み切ります。その時、諸葛亮は涙を流したということです。軍律、規則に背いたから、処刑は当然だということで、この時、諸葛亮が涙を流さなかったら、今日までこの諸葛亮は冷酷な大将として名を残しているかもしれませんが、涙を流す、すなわち、そっと情をつけたがゆえに、多くの部下から慕われ、また庶民からも尊敬され、いまも成都や南陽には彼を祀る武侯祠（ぶこうし）があり、多くの観光客が訪れているということになるのです。

情を持てるか、情を添えることが出来るか、どうか。松下さんの「冷静に判断して、それから情を添えるべし」という言葉は、経営担当者になったその後の私にとって、「千金に値する言葉」になりました。情をつけない、情を添えないと、冷静な判断が全体のためにもならないし、その人のためにもならない。それどころか、社員や部下からの恨みを買うだけということになると思います。やるべきはやる。しかしそれだけではなく、そのあと心を添える、気配りをする。それが経営者として、責任者として大事ということを、松下さんは誠に平易な言葉で教えてくれたのです。

松下幸之助さんの、「人間は偉大である、王者である」という人間観。ですから、経営をしていく時も、どの人も、どの社員も、どの部下も、「王者なのだ、ダイヤモンドを持った存在なのだ、偉大な存在なのだ」という考え方を根底に持っていたのです。そこが大事。社員の誰に対しても、「ああ、この人は素晴しい存在なんだ、本質的に、偉大な力を持った人なのだ」と考えるのです。そう考えれば、辞を低くして、部下に意見を求めてみよう、この社員に話を聞いてみようということになります。あるいはこの人に仕事を任せてもしっかりとやってくれる、信頼出来るということになり、思い切って権限を委譲する。仕事を任せるということになるのです。発想の根底に、こうした松下幸之助さんの人間観がないと、経営は成功し、発展しないと思います。

もう、お分かりでしょう。松下幸之助さんが、とりわけ、経営者にとって、いちばん大事なのは、この「人間観」であると考えていたことを。人間をどうみるか、どうとらえるか。そこをきちんと押さえたうえで、経営を進めなければ、大きな成功は得られないと考えていたことを。

「きみ、これから、経営を進める者として、この人間をどうとらえるか、どうみるか。いわば人間観やな。ここはしっかり覚えておかんとあかんよ。まあ、人間は誰でも、ダイヤモンドの本質を持っている、人間は誰でも、偉大なる存在である、人間は誰でも、素晴らしい能力を持っている。そういう人間観は、経営における第一ボタンや、早い話がね。な、最初、かけ違えると、きちんと服が着れんのと同じやで。そのうえで、使命感を持って、素直な心で経営に取り組んでいく。そうすれば必ず、成功することが出来るんや」

「冷静に物事を考えて、それからそっと情をつけよ」と話をしてくれたあと、雑談をしながら、松下さんが、自分の「人間観」を話してくれたことを、いまでもはっきりと覚えています。

第六の条

貫く人間観

わしは、もう死んでもかまへんわ

松下幸之助さんと二人だけでの人間観についての勉強会については、幾たびもお話ししましたので、多少、繰り返しにも思いますが、詳細にお話ししてみたいと思います。「二人で、人間観な、あれ、勉強してみようか」。松下さんからそう言われたのは、昭和46（1971）年7月の初めでした。すでに一度、昭和26（1951）年に、松下さんの考える人間観について、「人間宣言」という題名で、世の中に発表したことがありました。しかし、その時代背景もあり、それほどの部数も出ていないため、ほとんど知られることはなかったと思います。

それはともかく、その後も松下さんは、自分でいったんまとめた、その人間観を、20数年間にわたって何回も何回も検討し、絶え間なく考え続けていました。そして、私の先輩に当たる、PHP研究所の、その時その時の研究員たちが、松下さんの新たな考えを加えながら、都度、原稿を書き替え、さらにつくり替えるということをしてきていたのです。そうしたうえで、出来あがっていた、結果的には最後の原稿をもとにして「人間観の勉強をやろう。検討を始めようや」と私に言ったのです。

京都の私邸の座敷に、大きな卓がありました。床の間を背にして松下さんが座る。私は松下さんを左に見るような位置に正座する。松下さんと私の前に、それぞれ人間観の原稿が置いてある。もちろん、私の原稿はコピーされたものです。私が声を出して一ページずつ読んでいく。松下さんは、それを聞きながら、また目で原稿を追いながら、気になるところにさしかかると、「ちょっと待て」とストップをかける。「そこは、このように書き直そう」、「ここは表現を変えよう」、「この辺りはもう少し丁寧に説明しよう」、「ここは調べてくれ」というような指示が出ます。その指示通りにその場で修正。あるいは、勉強会終了後、その夜、調べて、翌日報告、修正確認をするということが、私の仕事でした。

この、いわゆる「勉強会」は、正直、私にとっては苦痛でした。朝は9時前後に松下さんが来ます。20分ほど二人でお茶室に入って、それから「勉強会」が始まるのが常でした。初日から数日の間、非常に苦しく辛かったのは、勉強そのものより、長時間、正座をしなければならない、暑さに耐えなければならない、そうとう大きな声で読み続けなければならない、ということでした。当の松下さんがきちっと正座して、端然とした姿勢でじっと原稿に目を落としている以上、隣りで私が足を崩すわけにもいきません。

とは言え、私には、正座を長時間続けたような経験がほとんどありません。ものの20分もすれば、痺れて足がじんじんと痛くなってきます。やがて痛さが頭に響いてくる。痛い、痛いと思いながら「勉強」をするのです。それだけではありません。記述したと思いますが、7月、夏。当然、暑い。座敷には、松下さんは電器屋の総大将でありながら、なぜかクーラーがなかったのです。しかも京都の暑さは、湿気を含んで蒸し暑い。縁側のガラス戸をぐるりと開け放していましたから、外気の暑さがそのまま部屋の暑さになっていました。

ましてや私は、声を出して原稿を読まなければならない。顔の汗を時折拭いながら、しかし、びっしょりと濡れた背中の汗を拭うべくもありません。さらに少々うつむき加減で、原稿を読みますから、胸の辺りからも汗が流れているのが分かります。勉強をしている間、私の頭の中ではずっと、足が痛い、暑いという思いばかりが駆け巡っていました。

さらに苦労したのは、そうとう大きな声を出し続けなければならないこと。庭は2000坪もあり、当然ながら、樹々が植えられています。その庭の樹々に集まる蝉は、どれほどの数だったのでしょうか。それが一斉に鳴くのですから、私にとっては、相当な「騒音」です。ぐるりとガラス戸が開け放たれていますから、松下さんと私の距離は1メートルも離れていませんでしたけれど、松下さんの耳に達するために、私は、かなり大きな声を出し続けなければなりません。

原稿を読み続けていくうちに、頭はぼうっとしてくる。目がかすんでくる。3時間も経つと、昼間であるのに、自分が読んでいる一行以外は周囲がぼんやりと暗くなってくる。やがて、4時間も読み続けていると、もう、一行どころか一字一字しか見えなくなってきます。そのうち、辛うじて見える一字が、あたかも蚤のごとくぴょんぴょんと原稿から飛び跳ねる。そうなってくると、私の読み方は、突っかかたり、読み違えたりしながらになります。

松下さんから、「きみ、ちょっと待て。ここの表現を変えよう」と指示が入る。「このページはこういうことが言いたいのや」と、松下さんは徹底的に検討します。全部そっくり変えてしまうこともあれば、「〝しかし〟を〝しかしながら〟に替えよう」、「この〝でしょう〟を〝と思います〟にしよう」といった、微に入り細に入りの検討です。その検討が毎日毎日、夕方5時まで続く。そのような状態の半年間は、正直言えば私にとって、「痛い、暑い、辛い」の、まさに「三重苦」でした。

しかし、「勉強会」を始めて最初の二〜三日で、私が驚いたのは松下さんの集中力でした。「痛い、暑い、辛い」に悩まされ、原稿を読みながら、ふと松下さんを見ると、端然として正座をしているだけでなく、汗の一滴も流れてはいなかったのです。当時76歳の松下さんは、きちっと着物を着て、床の間を背に、涼しい顔と言ってもいいような雰囲気。思わず自分の状態と比較しながら、高齢になると暑さも感じないのか、と思ったことを覚えています。そのようなものかと感心しながら、私は昼食が気になり始めます。12時になると、近くの動物園からメロディが聞こえてくる。しかし、それでも、松下さんは、「お昼にしよう」とは言ってくれません。まだかなあ、まだかなあ。若い私はそのようなことばかり考えています。12時半が過ぎる。1時が過ぎても、松下さんはなにも言わない。こちらは空腹。「ああ、もう今日は食事は出来ないか」と諦めかけた1時半過ぎ頃になって、ようやく、「あっ、お昼やな。食事にしようか」

ああ、ようやく食事にありつける。「はい」と返事をしながら、松下さんの顔を見た時に、私は驚いてしまったのです。先ほどまでは、まったくと言っていいほど汗のなかった松下さんの顔に、玉の汗が噴き出していたからです。「暑いな、えらい暑いな。きみ、乾いたタオル持ってきてくれや」。暑いのはいまに始まったことではない。朝から暑いのです。しかし、勉強に没頭している松下さんは、暑さを忘れている。原稿を読みながら、心がその内容に入りこんでしまっているから、もうそれ以外のことは考えない。暑さまで忘れ去ってしまう、ということでしょうか。大げさな言い方になるかもしれませんが、魂をすべて原稿の内容に投入しているのです。「心頭滅却すれば、火もまた涼し」と言いますが、その言葉通りの集中力であり、全身全霊で打ち込んでいることの現れに驚嘆したものです。

そのような、没頭というか没入というか、松下さんの人間観との真剣勝負の姿は、それから半年間、この人間観が一冊の『人間を考える』という本にまとめ上げられるまで続きました。その年の12月10日前後だったと思います。松下さんが手洗いに立った時、私は、少し息抜きをしながら、くつろぎ座っていました。廊下を歩いてくる松下さんの足音。私は、いつものようにサッと正座に戻ります。この時季になると、縁側のガラス戸も、内側の障子も閉め切っていましたので、外はもちろん、見えません。それなのに松下さんは、部屋に入ってくると、障子で見えるはずもない冬の枯れた庭を眺めているように、腰に手をあてて立ち続けています。私は、なにごとかと思って、下から松下さんを見上げていました。

暫くして松下さんは、自分に言い聞かせるように「この勉強会は、今日で終わりにしようか」と言うのです。私は正直、嬉しいと思いました。この「勉強会」は朝9時から夕方5時頃まで、日曜、休日もほとんどなく、毎日続けられていましたし、私は指示のあったことを夜、研究所に戻って調べ、時に先輩のD研究員に手伝ってもらいながら、書き替え、整理しなければなりません。毎日の帰宅は夜の9時、10時でした。もちろん本来の私自身の仕事もしなければならない。私にとっては多忙極まる日々でした。ですから、この「終わりにしようか」というひと言に、「助かった、やっとこれで終わる」と思ったことは、ご理解いただけると思います。ところが、次の瞬間でした。

「きみ、わしはもう死んでもかまへんわ」

松下さんは立ったまま、そう呟いたのです。驚きました。驚愕しました。すると、驚いている私に説明するように、ゆっくりとした口調で松下さんは話し始めました。

「いままでな、わしはいろんなことを話してきた。いろんなところで、会社で、また外で、必要に迫られたり、頼まれたりして話をしてきた。本も出してきた。けど、結局はな、この〝人間観〟や。この〝人間観〟を言うために話し、訴えてきたんや。商売のことも、経営のことも、政治とかさまざまなことを話をしてきたけどな。詰まるところ、この〝人間観〟を言うためや。この〝人間観〟を訴え続けてきたんや。分かるか。その〝人間観〟を、このようにまとめることが出来たんやからな、わしはいま、ふっと、あぁ、自分もこれで死んでもいいなと思ったんや」

その言葉を聞いて私は、言いようのない感動と悔悟を覚えました。私の頭の中を、半年間の勉強会の様子が駆け巡りました。そうか、それほどの思いで取り組んでいたのか。命を懸けるというけれど、まさにそのような思いで、魂を投入して、この半年間、松下幸之助さんは「勉強」していたのか……。ああ、申し訳なかった。もっと真剣に、私も少なくとも暑さや空腹を忘れるほどに取り組むべきであった。足が痛いとか暑いとか辛いなどと……。辛い、しんどい、苦しいと感じていた半年。松下さんに対して、ほんとうに申し訳なかったと思いました。

しかし、このひと言を聞いて、この半年間が、私にとっては、かけがえのない半年間となり、以降、松下さんに対する思いが、単なる経営者から「哲人経営者」へとガラリと転換することになったのです。当時、松下さんは、「商売の神様」、「経営の神様」と言われていました。しかし、「もう死んでもいい」とまで思ってまとめ上げた人間観を解説した一冊の書の書名を、「商売を考える」でも「経営を考える」でもなく、まさしく『人間を考える』という題名にした松下幸之助さんに、いまもって、私は深い感動を覚えています。

松下さんが商売をやりながら、経営をやりながら、常に考え続けていたことは、「人間大事」、「人間 偉大なるもの」、「人間誰でもダイヤモンド」、「人間の無限価値」であったのでしょう。人間を幸福にする人間観、人間的能力を引き出させる人間観。松下幸之助さんは、松下電器の経営を手段として、人間の幸福実現のための人間観を確立する、そのための人生であったと言えるのではないかと私は思いますし、また、多くの人たちに松下幸之助さんを、そう捉えてほしいと願っています。

わしが考える時、拠りどころにしたのは自然や宇宙やな

「わしは学校を出ていないから、きみたちのように学問や知識を頼りにすることは出来なかった。世間の人たちの言うことも、いったいどれが正しいのか、正直なところ判断が出来ない場合が多かったんや。そこで、わしが、なにを一つの拠りどころにしたかというと、この宇宙とか自然とか、つまり万物というか、そういうものやったな。自然がどのように動いているのか、どのような動きをするのか、そういうことを見ながら、考えたわけや。そりゃ、誰も教えてくれんし、教えてくれたとしても、知識のないわしは、理解出来へんかったやろうからね。まあ、そうする以外仕方なかったということや」

難しい問題にぶつかる。どうしようかと思い悩むことがある。そのような時にじっと自然を見つめる、太陽の動き方、月の動き方、風の吹き方、周りの景色の変わり方、あるいは、樹々

の木の葉が枯れながら、散りながら、しかし、木そのものは成長していく。そのような自然の姿、変化に思い巡らせながら、心の中で、なるほどそうか、と合点していたのだろうと思います。

お日さまを見ていると、誰隔てなく、照らしている。風もまた、誰を区別することもなく吹いている。なるほど、捉われていない。分け隔てがない。そのような、捉われない考え方、態度をとらなければいけないのだ、素直な心で考え、行動しなければと考えるようになったのでしょう。

松下さんの考えを、「素直教」と言う人もいます。松下さんが「素直こそ、大事」、「素直こそ、幸福をもたらすもの」、「素直こそ、成功の基本前提」と言い、また「素直な心は、あなたを強く、正しく、聡明にします」と言い続けていたからです。

確かに、そのようなことを考えると、「素直教」と言えると思います。しかし、なぜ「素直」とか、「素直な心」が大事だと言ったのかと考えてみると、むろん、丁稚の時代からの経験によって、私心に捉われた時は失敗し、素直に考え対処した時には成功したという「経験知」によるところも大きいと思いますが、私に、松下さん自身が「自然を見ながら、考えた」と言ったことから推察すると、松下さんの「素直」は、それ以上に、松下さんなりに「自然を読み解く」観察力から生み出され、考え出されたものではないだろうかと思います。

とすれば、松下幸之助さんの考えなり思想は、別に宗教ではありませんが、「素直教」と言うよりも、あえて言えば「天地自然教」あるいは「自然の理法教」と言うほうが、より松下さんの考え、思想、哲学の根本を言い表すことが出来るのではないかと、私は思っています。ですから、私は、松下幸之助さんの考え、思想を、「実践哲学」、そして松下さんを「実践哲学者」と認識しています。

「考えてみればこの宇宙に存在するいっさいのものが、自然の理法に従って、それぞれが捉われず、それぞれの行動をしておるんや。人間も、宇宙自然の存在ならば、同じように自然の理法に従って、自分に捉われず考え、行動しないといかん」

自然の理法の特質は、生成発展やな

春になると新しい芽が出て、やがて若葉から濃い緑になっていく。やがて夏になる。夏は暑い。とりわけこの頃は年々暑くなるような気がします。秋が来て、寒い冬が来て、巡り巡って、また春が来ます。そのような風景、季節の移り方を見ていると、なんとなく自然の理法というものを実感することが出来るのではないでしょうか。

「自然の理法とはなにかということは、よう分からんけど、万物を万物たらしめている力、あるいは法則といったもんやろうな。水が高いところから低いところへ流れるのも、物が上から下へ落ちるのも、まあ、自然の理法というもんやろう。そういう理法が厳然としてこの宇宙万物に働いておる。そういう自然の理法というものの特質とはなにかと言えば、それは生成発展ということだと、わしは思うんや」

仏教ではこの世は無常だという。一般的に、この世は儚(はかな)いという意味合いで使われています。辞書にもそのように説明されています。「祇園精舎の鐘の音、諸行無常の響きあり」という『平家物語』の冒頭はあまりにも有名です。しかし、松下幸之助さんは、そのようには解釈しませんでした。この世のすべては、無常、すなわち、「常ではない」。要は、動いているということを言っているのである。そして、その「動いている」という方向は、「儚い」とか、「滅亡」とか、「衰退」ではなく、まさしく、「生成発展」、「繁栄」の方向であり、そのように考えるべきであると捉えたのです。

宇宙全体、万物ことごとくが常に動いている。そこまでは誰も異論がないでしょう。さて、その動き方をどうみるか。衰退とみるか、発展とみるか、不変とみるか。この世自体は、なにも語らないのですから、それは人間の見方に委ねられていると言ってもいいでしょう。松下さんは、実践哲学者です。客観的に科学的に追求するよりも、どう解釈することが人間の幸福につながるのか、どのように解釈すれば、世界の平和が実現するかという考え方なのです。客観的に科学的に推測出来たとしても、それはあくまでも仮説にすぎません。ダーウィンの進化論で人間の誕生を考えるのは、日本ぐらいなものと言われています。早い話が、人間の誕生が、どのようであったのか、それは自分が母親の胎内から生まれ出た瞬間が不明であるように、決して断定的に決め込むことが出来ないのと同じです。宇宙の誕生でも同じで、ビッグバンだけで説明されるものではありません。諸説があります。

「なぜなら、きみ、第一、そう考えたほうが人間にとって幸せにつながるやないか。いずれにしても、断定出来るものはないんやからね。ますます発展するという理法の中で生きておるとすれば、そこに人間として努力のし甲斐も出てくる。努力しよう、工夫しようという熱意も意欲も出てくるわね。けど、そうではない、この世は儚いと考える。まして、だんだんと衰退していくんだと考えれば、人間はどんなに努力しても意味がないということになるから、頑張ろうとか、いい世の中をつくろうとか、平和な世界をつくろうとか、まあ、そういう気にはならんわな。衰退する。儚く消滅していくのが、この世の常だということなら、きみ、一生懸命努力しようという気、起こるか。努力すれば、平和を実現していくことが出来る、この国を素晴しい国にすることが出来る。自然の理法に従って、素直な心をもってすれば、必ず実現出来る。私心に捉われず、努力すれば、もともと繁栄し、幸福になるような、そういうビシッとした理法が、この宇宙、この地球、そして人間、万物に貫かれておるから、平和も幸福も繁栄も実現出来ると思えば、人間は誰もがそう思って、努力し、工夫するわね。そういうことやな。しかし、実際にみても、自然の理法は、生成発展というもんやで」

死もまた生成発展の一つの姿ではないのか。新緑の葉も、秋が来るとともに枯れ葉になって、散っていく。しかし、次の春には、樹々は、また芽を吹いて茂っていく。そして、それを繰り返しながら、樹木は天に届かんばかりに成長する。人間も個々の姿をみれば、木の葉のように死んでこの世から去って行く。しかし人間全体からすれば、それもまた生成発展の一つの姿ということになるのではないでしょうか。「死もまた生成発展の姿」という松下さんの考え方を、私は理解出来るような気がします。

確かに、死を衰退とみるのも誰が考えたかと言えば、人間自身でしょう。神が言われたのだ、阿弥陀様が言われたのだと言っても、直接、われわれに言われたわけではありません。神の声を聞いた、天の声を聞いたと言っても、いわば、ある人間がそう解釈して言っているに過ぎないとも言えます。どうみるかは、人間の自由ということになれば、宇宙万物は生成発展している、そういう見方をしたほうが、人間万物の幸せにつながる。ということであるならば、そのように解釈、考えたほうがいいのではないでしょうか。

「自然の理法は、生成発展の性質を持っておるんやから、人間は、この自然の理法に則って事を進めるならば、必ず成功するようになっておる。成功しないのは、この自然の理法に則っていないからや。素直に自然の理法に従うようにせんと、成功せえへんな」

われわれ一人ひとりの仕事でも、企業の経営でも同じです。もともと、必ず成功するようになっている。それが、時として成功しない、うまくいかないのは、自然の理法に則って仕事を進めていないからでしょう。春が来て、夏が来て、秋が来て、冬が来る。太陽は東から昇り、西に沈む。水は高いところから低いほうへ流れる。物は上から下に落ちる。そのように、人間も、私心に捉われ、しがらみ、我欲、私情に捉われることなく、やるべきことをやる、なすべからざることはやらない。そうしたことをきちんとやっていれば、経営で、商売で、人生で成功するのはいちばん簡単なものである、というようなことを松下幸之助さんはよく話してくれました。

「いいものを生産し販売し、多くの人たちに満足されるような安価で販売すれば、商売は繁盛する。悪い物を生産し販売し、多くの人たちから不満が出るような高価で販売すれば、商売は衰退する。当たり前のことやな。いい物を、安く手に入れたい。金持ちだろうが、そうでない人であろうが、誰でもそう思うがな。そういう人情の機微に即した商売のやり方をすれば、お客さんが大勢やってきてくれる。ごくごく当たり前のことをすれば、商売とか、経営というものは、必ず成功するようになっておるんや。それが自然の理法に則した商売というもんやね」

経営の枠を超えて考えてきたんや

前述の通り、松下幸之助さんは、「自然の理法は、すなわち、いっさいのものを生成発展させる力を持っている」という、一つの考えを構築しました。ですから、素直な心になって、私心に捉われず、自然の理法に従っていれば、うまくいく。世の中は成功するようになっている。それは、経営でも、人生でも、政治でも、経済でも、人材育成でも、言えることだということです。ところが、私たちには、それがなかなか出来ない。自分の感情に捉われる。立場に捉われる。地位や名誉に捉われる。自然の理法になかなか従うことが出来ない。素直になれない。それゆえ、かえって状態を悪くする。無用な苦労をする。望むような結果が得られない。結局は、一人ひとりの捉われが、集積されて、争いになり、つまるところは戦争にまで至るのです。自然の理法に従うならば、もともと人間には進歩発展する本質が与えられているのですから、言葉を替えて言えば、平和、幸福、繁栄を実現する力が与えられているのですから、私に捉われず、素直に自然の理法に従えば、それだけでいい、成功を必ず、手に入れることが出来る。世界平和を実現することが出来るのです。

「それがうまくいかんというのは、捉われるからや。素直でないからや。自然の理法に従わんからや。だとすれば、素直でないといかん、と。素直な心こそが、人間を幸せにし、また人類に繁栄と平和と幸福をもたらすものであると、わしはそう考えるんや」

しかし、松下さんのいう素直な心とは、人の言うことに、なんでもハイハイと答えるということを言っているのではありません。先にも触れましたが、「無邪気な心」のことでもなければ、「幼児の心」のことでもないのです。

「ほんとうの素直な心とは、自然の理法に則した心、すなわち正しさに対して素直であると、そういうことやな。自然の理法に従えば、と言うたけどな、それは自然の理法に従う努力が難しいな。素直な心になる。難しいことや。難しいけど、その努力をせんと。そういう努力が成功への道ということになるんや。まあ、わしはそういうようなことを、自ら考えながら、今日までやってきた。宇宙万物自然というものが、わしの先生でもあったわけやな。わしの経営についての考え方は、経営という一つの枠の中だけで考えたのではない。わしはいつもその枠を超えて、人間とはなにか、宇宙とはなにかとか、自然とはなにか、そこに一貫して流れているものはあるのか、そういうものに考えを巡らしながら、そこで得られた、わしなりの結論を経営に応用したんや」

という話を聞かされてくると、経営についての松下幸之助さんの考えは、全体の考えの一部であって、決して全体ではないことが分かります。

多くの人が松下さんを「経営の神様」と呼んでいましたが、ほんとうは松下さんが考え続けてきたのは、宇宙のことであり、万物のことであり、自然のことであり、人間のことであったと言えるのではないかと思います。松下さんは経営をやりながら、常に人間の本質とはなにか、人間の幸せとはなにか、宇宙の本質とはなにか、自然の理法とはなにかということを考え続けてきた。天地自然の中に繁栄の原理を探してきた。これが「松下幸之助の実践哲学的思考」だったのです。

根源から人間は生まれてきたのやな

ＰＨＰ研究所に、「根源の社」という、小さなお社（やしろ）があります。松下さんは研究所にやってくると、まず最初に、必ず根源の社の前に円座を敷き、座禅をするように脚を組んで座り、２～３分間、長い時には５分間ほど手を合わせて、頭（こうべ）を垂れていました。「根源」とは神様でも仏様でもありません。松下さんの「実践哲学」の原点。そして社の中には、「根源」と松下さんが書いた木札が入れてあるだけです。いわば、松下さんの「根源」という「考え方」が入っているだけというものです。

「どうして根源という考えを、わしが持ったかというと、こういうことや。考えてみれば、わしのような、なんも恵まれておらなかった者が、商売で、一応の成功をしたということは不思議やろ。それらしい説明は、聞かれればしてみせるけどな。正直言うと、なぜこうなったのか、ほんとうのところの理由は、わし自身にも、よう分からんのや」

松下さんはある時、このような自分を存在させてくれたものに感謝しなければいけないと考えたと言います。とにかく、誰が自分を存在させてくれたのか。それは自分を生んでくれた両親である。ならば、両親に感謝しなければいけない。しかし、その両親はどうして存在したのだろうか。両親の、そのまた両親からではないのか。その両親は、そのまた両親からということになる。それではその両親はと、どんどん考えていくと、ついには人間の始祖に辿り着く。とすると、自分は、人間の始祖とつながっていることになる。

今日、自分が、こうして存在していることは、両親やそのまた両親に感謝しなければならないのはもちろんのこと、初めての人間、すなわち始祖に感謝しなければ、とそう思ったというのです。こういう考え方が、いかにも松下幸之助という人の考え方だと思います。われわれなら、まず本を漁る。そして、こういう考え方がある。こういう人がこういうことを言っている。たぶん、そうだろうと思います。しかし、松下さんは、本を漁る前に、実際の自分の存在から発想を始める。私は、このような松下さんの発想に興味を持ち、関心を持ち、かつ、感心してしまいます。しかるのち、多くの人たちの意見を聞き、多くの人たちの考えを参考にしながら、最終的に自分の結論を確立していく。そのプロセスがまた、松下さんらしいと思うのです。

「ところが、それでは、いっとう最初の人間はどこから生まれてきたのか、と思ったんや。けど、いろいろ考えたけど、分からんのや。考え、考えたんやけどな、うん、もちろん、いろいろな人にも訊いたわね。しかし、今度はそう簡単に答えは出てこん。ずいぶんと、あれやこれやと思い巡らした結果、人間は宇宙の根源から、その根源の持つ力によって生み出されたんやと、うん、突然そう閃いた。そうや、わしの考えや。人間は、宇宙の根源から生まれてきたんや。それは人間だけではない、宇宙万物いっさいが、この根源から、その力によって生み出されてきたんやと。実際にそうかどうかは、わしは分からんけどね、そう考えることが、わしにはいちばん理解出来る。そして、その根源の力には、一つの決まりがあると考えた。それが自然の理法というもんや。そしてその力とは、どういう力があるのかと。また、いろいろ考えたな。そうして、宇宙万物すべてを生成発展せしめる力があると考えついた」

今日、人間がここに存在している、その源を辿れば、初めての人間、始祖に行きつく。その始祖を通り越して宇宙の根源にまでに至る。そうすると、「ここに存在出来ていること」への感謝の思いは、実に、この「宇宙の根源」に対してでなければならないということになる。それで松下さんは、「根源の社」をつくったのだと言っていました。

では、「根源」は、どこに存在するのか。それは人知の及ぶところではない。しかし、「根源」は存在する。例えて言えば、一つの細胞の中で存在している分子の一つが、その細胞の中は理解出来ても、細胞を超えて理解出来るか、脳細胞や心臓細胞、いや、脳とか心臓そのものを理解認識出来るのか、というと、理解出来ないでしょう。自分という分子がなぜ活動出来ているのか、これは分子がいくら考えても考えられない。しかし、現実、一細胞の中の分子としては生きている。

「根源」とは、いわば、脳や心臓などの存在と同じと言えるかもしれません。細胞の中の分子からは、確認出来ないけれども、確実に厳存する。細胞の中の分子としては、確認することも、見ることも出来ないけれど、「根源」はある。なければ、宇宙の誕生もない。人間の誕生もない。万物の誕生もない。見えなければ、確認出来なければ存在しないということは言えない。遠く離れて勉学している子どもは、いま、見えないし、確認出来ないけれども、だからといって、子どもは存在しないと考える親はいないのと同じと言えるかもしれません。

ところで、私はある時、根源の社の前で足を組み手を合わせている松下さんは、その間、なにを考えているのか、訊ねたことがあります。

「うん、今日、ここに生かされていることを、宇宙の根源さんに感謝しとるんや。ありがとうございます、とな。それから、今日一日、どうぞ素直な心で過ごせますように、と念じ、誓っておるわけや。ここはわしが感謝の意を表し、素直を誓う場所やな」

この松下幸之助さんの実践哲学に異論を唱える人も多いでしょう。それを、そういう考え方、反対意見、異論は間違っている、などと申し上げるつもりはありません。それはそれで、それぞれの人のお考えです。しかし、少なくとも、松下幸之助さんは、このような実践哲学を構築し、その実践哲学に基づいて、経営者として大きな成功をしているという事実だけは知っておいていただきたいと思います。

人間は偉大な存在やな

「人間は偉大な存在やな。いわば、この宇宙においては王者や。こう言うと、それは不遜や、傲慢やと、そう言う人も多いと思うけど、しかし、わしは理屈はよう分からんけど、現実の姿を見れば、明らかにそういうことが言えるんと違うかな。この宇宙の中で人間が一番偉大であると」

具体的に考えてみると、確かにそのように言えるかもしれない。例えば、人が人を殺せば罪になります。死刑になることもあります。しかし、犬を交通事故で轢死させたとしても、非難されても、条例で罰金を取られても、死罪になることはありません。あるいは、住宅地を開拓するために、繁茂している、生きている樹木を伐採しても、別に罰せられないのはなぜか。魚を漁し、牛や豚を飼育し屠殺し、それを食らっても、推奨されこそすれ、罰せられることはない。犬や猫を鎖につなぎ、人間のペットとして、いわば玩具のように扱っても、咎められることはない。

万物は、それぞれ他の生命を食べて生命が存続する。魚の例で言えば、小魚がプランクトンの命を奪い、より大きな魚が小魚を食し、さらに大きな魚がその魚を食べて、そのようにして、それぞれの生命が維持されている。バッタも同じこと。草の葉をバッタが食べ、バッタをカマキリが食べ、カマキリを小鳥が食べる。このように、「食う・食われるの関係」を辿っていくと、一つの鎖状の関係を見ることが出来ます。言うところの「食物連鎖」です。しかし、その順繰りが人間のところで、ぷつりと途絶えるのです。いわば、「万物ピラミッドの頂点」に人間が存在しているのです。どうしてそのようなことが許されるのでしょうか。

その理由は分かりません。誰にも分からないでしょう。しかし、人間がこの宇宙の中で王者として存在し、「万物ピラミッドの頂点」に君臨していることは事実です。そして、人間だけが、文化、文明を築き続けているのです。

では、どう考えたらいいのか。それは、宇宙の根源が宇宙万物を誕生せしめた時に、同時に、人間に、その頂点に立つようにせしめ、かつ、宇宙万物を統治、すなわち、それぞれの宇宙万物の特性を活かしつつ、自然の理法に従って活用せしめるような位置に立たしめたというように考えるべきではないか。また、そう考える以外に考えることは出来ません。したがって、人間は偉大な存在であり、宇宙万物の王者と言える存在だと理解、認識すべきではないか、と思うのです。

王者としての責任は、比類なく大きい

しかし、そうだとしても、覇者ではない。なにをしてもいいか、勝手に振る舞っていいかというと、そうではない。王者として、「万物ピラミッドの頂点」に立つ者であるがゆえに、この宇宙万物を統治、すなわち、万物それぞれの力を発揮させ、存在させるべく配慮と行動が求められる。いわば、この宇宙に存在するすべてのものを、さらに活かし、宇宙万物の共存共栄を心しなければならない。その責任は、途方もなく大きい。

「ノブレス・オブリージュ（noblesse oblige）」という言葉があります。直訳すれば、高貴さは（義務を）強制する。すなわち、「地位の高いものは、その地位に相当する、果たすべき大きな責任がある」ということですが、その言葉と同じことです。「王者としての責任は、王者であるがゆえに、他の万物のそれと比較することが不可能なほどに大きく重たい」と。このように松下幸之助さんは考えたのです。

「理屈ではなく、静かに実際の現象を、素直に見て考えれば、そういう結論になるやろ。そうやない、人間もほかの存在と同じやと。ほかの動物や植物と変わりはないと、そう考えておる人が多いと思う。けど、そういうことなら、人間は他の動物を殺しても罪にならんのやから、人間を殺してもかまわんということになる。人と人が殺し合ってもいいということになるわな。そやろ。しかし、実際はそうではないわな。それは、無意識のうちに、ちゃんと人間がいちばん偉大な存在だということを認識しておるからや」

人間は偉大ではない、罪深い存在だと言う人たちもいる。つまらない存在、卑小な存在であって、人間を偉大だということは間違っている。松下さんの人間観が発表されると、すぐに、そのように批判する人が出てきました。それは、それぞれの方々の考えですから、その当時、松下さんは、あまり反論も反応もしませんでしたが、しかし、それでは、人間を偉大だと考えることと、小さな存在だと考えることと、どちらが幸福な結末をもたらすかということを、いま、私は、その批判者、反対者の方々に問いたいと思います。加えて、人間が小さな存在だとするならば、「小さな責任でいいのか」と。

人間をどう見るか。それに対する客観的、科学的、実証的確答はあり得ません。どのように見るかは、その人がどの立ち位置に立っているか、どのような性格か、どのような環境にあるか、どのような経験をしてきたかによって、一〇〇人いれば一〇〇の考えが出てくるでしょう。ですから、人間に対する見方、人間観はさまざまに異なることは、松下さんも十分承知していたでしょう。しかし、松下さんの経験から、現実的に幸せになる人間観、平和を実現する人間観、繁栄をもたらす人間観は、「人間は王者である」という考え方が、最も好ましい人間観だという結論に到達したことは間違いありません。

人間が小さく、つまらない存在であるという貧困な人間観であるならば、少々無謀なことをやっても、宇宙や自然がなんとかしてくれると思うでしょう。小さな存在である人間ならば、汚水を流しても、大きな自然が、海が浄化してくれると思うでしょう。そう考えて、大気汚染、公害を出したり、自然を破壊したりしてしまうのではないのでしょうか。人間はつまらない存在だと教えられれば、若者が平気で障害者を無残にも殺害する。平然と人が人を殺し、やがてそれが拡大して戦争になるのです。

王者としての自覚がない、その責任感がないということであればまた、平然と他の万物を弄び殺戮し、平然とその万物の生命連鎖を絶ってしまうのです。そのような考え方、貧困な人間観を持ち続けている限り、この地球は破滅の道を進んで行くことになるのではないでしょうか。

そして、やがて人間は、自らの手で自分の首を絞めて自分を殺してしまう、まさに「人類の自殺」ということになるのではないかと思います。

「人間は偉大な存在である」という松下幸之助さんの人間観。自然の理法に従いつつ、万物を支配し、宇宙に君臨することが出来るという人間観。人間は、とてつもなく大きな力を持っているのだという考え方を、一人ひとりが自覚し、持つようになれば、そして、その責任が比較にならないほど大きいのだという人間観を持てば、地球汚染や環境破壊ということもなくなるし、やがては戦争さえもなくなると言えるのではないでしょうか。

繰り返しますが、人間はとてつもない力を持っていると思えば、自らの行動がひょっとすると、この地球を、この宇宙を破壊してしまいかねない、となります。大きな存在の人間が自然に向かってとる、その行動は、ひょっとすれば、取り返しのつかないほど海を汚し、森林を破壊し、空気を汚染してしまうかもしれない。地球どころか宇宙さえ破滅しかねない。自然の理法に従っていないと、大変なことをしてしまう、と、当然、思いは、そこに至ると思います。

ヒラ社員やけど、社長の責任を果たせと言われても困るわな

「ああ、人間は偉大な存在なんだ、と思えば、相当大きな力を持っておるのだから、自らの行動もほどほどにせないといかん。それに、人間は万物の王者であるから、それなりの自覚と責任を持って、自然万物に相対していかねばならん。王者としての責任を果たさないといかん、という気分になる。それが人情やな。それを人間はつまらない存在だ、罪深い存在だと言われつつ、それで責任ある行動をとれと言われても、そういうことは言われるほうがわりにあわんわな。きみかて、ヒラ社員やけど、社長の責任を果たせと言われても困るわな。それなら、私を社長にしてくださいと言いたくなる。人間がつまらん存在だとするのは、わしからすれば、無責任になってもいいという意味にも聞こえる。自然を破壊し、公害や汚染を出すように勧めておるようなもんやな」

松下幸之助さんの考えを、この人間観まで深めていない人は、松下さんの考え方は、性善説ですね、と言います。しかし、いままで、延々と、また繰り返し述べてきた通り、松下さんは、「人間の力が偉大だ」とは言っていますが、「人間は本来、善である」とか、「人間は本来、悪である」とか、あるいは「強い」とか、「弱い」と言っているわけではありません。

「人間は偉大な力があるから、その力の発揮の仕方によって、善は大きな善になるし、悪は大きな悪になる」と言っているのです。あえて性善説、性悪説に合わせて表現すれば、松下さんの人間観は「性偉説」。決して、生まれながら善、生まれながら悪と言っているのではありません。その持てる能力が、とてつもなく大きいと言っているのです。

よく切れる包丁は、それ自体は善でも悪でもありません。使い方によって善になり、悪になる。料理に使われる。よく切れる。料理をする人にとっては、これほど素晴しい包丁はないと評価するでしょうし、周囲も、いい包丁だなと思うでしょう。しかし、この包丁が、殺人に使われれば、これは鋭利な凶器ということで、犯罪の道具となるでしょう。松下幸之助さんの、「人間は偉大な存在だ」という考えは、「この包丁が比類なくよく切れる、包丁の中の包丁だ」と言っているのです。ですから、包丁を扱う時の責任、あるいは用心も、他の包丁と比較にならないほど、大きく、また取り扱いも慎重でなければならない、ということです。決して、

「包丁というものは、いいものだ」とも、「悪いものだ」とも言っているのではないということ。ここを誤解すると、松下さんの人間観は傲慢だ、不遜だという、浅薄な解釈になります。

キリストさんの生きた時の人間観では

文明の発展度合いと歴史的背景から仕方ないとは言え、いままでの人間観は、あまりにも「人間の力」、「人間の本質」を軽視しすぎてきました。しかし、それは、仕方のないことです。キリストの生きた世の中はどうであったか。釈迦が生きた世界はどうであったか。マホメットが生まれた社会はどうであったか。ユダヤ教を出発点とするキリスト教、イスラム教は、「砂漠の宗教」と言われます。ユダヤ民族が生活していたのは砂漠の地域で、過酷な風土の中で困窮の生活をしていました。その中からユダヤ教が生まれているのです。キリストの生きた社会も、マホメットが過ごした時代も、いまと比べものにならない貧困と飢餓が日常でした。当然、当時の人々は、自然に対し、あるいは己自身の、人間としても無力、非力を感じていたと思います。人間の小ささ、そして、貧困と飢餓は、人間そのものが人間であるがゆえの罪、人間というだけで背負っている罪、「原罪」があると考え、そして、なにかに救いを求める。それは当然の成り行きだったであろうと思います。
仏教でも同じことです。お釈迦さまは、釈迦族の王様の子。しかし、29歳の時、四門出遊（しもんしゅつゆう）、四つの門から外に出て、そこで見たものは、路上に横たわる死んだ人々、病で苦しんでいる人々、老いたる人々、修行する人々を見て、出家を決意してたのです。その当時の社会の様子を察することは容易でしょう。

そのような状況の中で、「人間は卑小な存在である」、「人間は罪業深重の凡夫」、「人間は、小さな存在である」、「人間は、罪の子」、「生まれながらにして原罪を持っている」などという考え方、思いを持つことは当然ではないかと思います。しかし、松下幸之助さんが、しばしば口にしていましたが、「キリストさんやお釈迦さんが生きた時代といまの時代とは違うわね。人間に対する見方は異なって当然やと思う」。時代が進み、その頃から二〇〇〇年も三〇〇〇年も経ったいま、この時代、私たちが生きている、この社会の中で、これら、「貧困の中で生まれた人間観」、「飢えと病に苦しむなかで生まれた人間観」、「移動手段は徒歩、歩くことしかなかった時に生まれた人間観」で、今日、この時代を考えて、的確な解決策、結論を出すことが出来るでしょうか。現在の科学技術と未来におけるさらなる発展を、恐ろしいほどだと感じないでしょうか。その恐ろしいほどの進歩が、さらに進んでいくだろうとは思わないでしょうか。いつまでも、人間は、自らを「小さな存在」として、「自然に甘えること」が許されるのでしょうか。罪の子、罪業深重の凡夫として自らを考え、責任逃れをすることが許されるのでしょうか。いわば、「卑小、罪の子」という人間観の「耐用年数」が限界にきている。新しい人間観を構築し、「人間、偉大なるものという自覚と強い責任」を確立しなければならないのではないでしょうか。

松下さんの「人間が自らを王者として自覚しなければ、この宇宙の全生命は救済されない」という考え方は、これからの人類の歴史において重要な位置を占めることになるだろうと、私は思っています。

「人間は偉大である。人間には、この宇宙の動きに順応しつつ万物を支配する力が、その本性として与えられている。そういう新しいというか、正しい人間観を人類が確立せんかぎり、人間は平和と幸福と繁栄を手に入れることは不可能やと思うな」

お願いするのは、私です

松下さんが、「１６０歳まで生きる」と言い出したのは80歳の時でした。11月27日の誕生日に、ある人からお祝いをもらったところ、その熨斗(のし)に「半寿」と書いてありました。「半」という字を分解すると「八十一」になります。満80歳は数えで81歳ですから、それで半寿というそうです。白寿は99歳のこと。それは百から一を取ると白になりますから、百歳から一を取って、白寿。88歳は、「八十八」ですから、「米寿」。その「半寿」という文字を見て、松下さんは、80歳が半分ならば、全寿は１６０歳になる。それでは自分は全寿を全うしよう、と言い出したのです。とは言え、松下さんがこのようなことを言い出したのは、これが初めてではありませんでした。

それ以前には、１０６歳まで生きるのだ、と言ったことがあります。明治27（１８９４）年生まれの松下さんですから、１０６歳まで生きると、19世紀、20世紀、21世紀の足かけ三世紀にわたって生きることになるからです。「きみ、幾つや。まあ、三世紀にわたって、ということはなかなか難しいわね、その世紀の終わり頃に生まれんとな。三世紀にわたって生きるというのは、愉快なことやないか」と言ったこともありますし、ある時期は、「１３０歳まで生きる」と言ったこともあります。世界の長寿記録が１２２歳（フランスの女性、１８７５年2月21日〜１９９７年8月4日）ですから、その記録を破りたい。１２５歳まででもいいけれど、まあ、１２５歳と言っていると、１２２歳までにも届かなくなるかもしれない。ここは思い切って１３０歳までということにしようと、笑いながら、言ったこともあります。

１３０歳まで、と松下さんが言い出したころ、私は京都・大徳寺の立花大亀老師に呼びだされたことがありました。「松下くんが１３０歳まで生きるとか言っておるようだが、もし生きれんかったらみっともない。人間は１００歳生きるのも滅多にない。ああいうことを言うのは、よろしくない。あんたが傍にいて、黙って言わせているのは、なんたることじゃ。わしが、そんなことを、あちこちで喋るものではない、言わないように、と言っているということを伝えてくれ」ということでした。もっとも、松下さんより5歳年下のご老師は、１０５歳までのご長寿でした。

しかし、私はそれを松下さんに伝えることはしませんでした。なぜなら、松下さんは、たとえ、その宣言している歳よりも早く死ぬことになったとしても、そのぎりぎりまで全力を尽くして生き抜くでしょう。ボケることも老け込むこともないでしょう。しかし、もし、明日、死ぬかもしれない、一年先かもしれないなどと考えていれば、その生き方も必然、力弱いものになってしまうのではないか、と思ったからです。実際、松下さんは満94歳で亡くなりましたが、そのぎりぎりまで全力を尽くして生き抜き、最後まではっきりとした意識で、その人生を全うしました。

平成元年4月27日、松下さんは、息を引き取りますが、その寸前の25日、松下記念病院の横尾定美院長が、「痰をとるために、これから管を入れます。すみませんが、ちょっとご辛抱願います」と言うと、松下さんは、声を振り絞るようにして、「いや、お願いするのは、こちらです」と答えたそうです。この言葉に対して、院長は、「人の死なんとする、その言やよし、と言いますが、苦しい臨終の床にありながら、なおも相手を思いやる人間性に強く打たれたものでした。結局、この言葉が、最期の言葉になりましたが、いまでも脳裏に焼き付いている、忘れることが出来ないひと言です」。松下幸之助という人の、人となりを表す象徴的な言葉だと思います。

最後まで人を思いやる意識を持つことが出来たのは、松下さんが「１０６歳まで生きる、いや１３０歳まで生きる、いやいや１６０歳までも生きるんだ」という、強い思いを持っていたからではないでしょうか。

たった三人で始めた事業が、最後には関係先まで含めると数十万人の大きな会社になった時、人々は松下幸之助さんを成功者、今太閤、経営の神様と褒めたたえました。しかし松下さん自身は、決して、自分は成功者とは考えていませんでした。

「人間として生まれてきた以上は、人間としての成功が大事や。そういう意味ではまだまだ成功したとは言えん」と思い続け、言い続けていました。松下さんは、人よりも高い山を極めた人だと思いますが、しかし、その先にはもっと高い山を見ていたのではないかと思います。いつもいつも、遠い先に思い巡らし、その遠い先を追い続けた人でした。

この書を終える前に、小さな思い出を、二つ書き記しておきます。

松下さんが90歳の1月3日のこと。よく松下さんは伊勢神宮に初詣をしていましたが、その数年、体調のこともあり、出かけませんでした。代わって、私が伊勢神宮にお参りに行っていました。その夜、御札（おふだ）と御神酒（おみき）を持って、いつもと同じように松下さんのところに持参しました。二人でお節料理を食べながら、雑談していますと、松下さんが、今年は、「大学をつくろうと思う」と話し出しました。それでどのような大学にしたらいいのか、どのような時間割（カリキュラム）にしたらいいのか、考えてほしい、と話し始めたのです。その話を聞いて、「大学をつくられるのですか。今度は、大学の学長ですね」と言うと、「いや、学長にはならんのや」。「では、理事長ですか？」と尋ねると「そういう学長とか理事長にはならんのや。そういうことは、偉い人にやってもらって、わしは、その大学の第1号の学生になろうと思う」。

翌年の1月4日には、「わしは今年、中学校に入学して勉強をすることにする。学校を探してくれんか」。いずれも、実現することはありませんでしたが、学ぶ姿勢、そして熱意は最後までとどまることはありませんでした。

人は誰でも50歳を過ぎると、引き算の人生になりがちです。保身に走りやすくなる。70歳を超えると、桜の花を、あと何回見ることが出来るだろう、もう最期も近い、と思う人が多い。そう考えれば、生き方も消極的にならざるを得ません。元気もなくなるし、活力も衰えます。しかし、１６０歳まで生きるのだと思えば、引き算の人生どころではありません。まだ八〇年も生きるのだと思えば、やりたいこと、やらなければならないことが、次々と湧き起こってくるでしょう。気力も出てくるし、ボケている暇もない。実際、松下さんは、晩年までたくさんの夢を抱き、その実現のために行動を起こし続けました。
松下さんが政治家を養成する「松下政経塾」をはじめたのは、85歳の時でした。いままでにその政経塾から数十名の国会議員が誕生し、活躍しています。その政経塾創設の是非はともかく、その意気は壮たるものがあるのではないでしょうか。また、結局は実現しませんでしたが、新政党の結成を意図した最終の年齢は87歳の時でした。

松下さんが最後までいろいろな発想と実行が出来たのは、一つには１６０歳まで生きるのだという強い意志があったからだと思います。満80歳の時に１６０歳まで生きようと思った松下さんの決意は、さまざまな形で実を結んだと言っていいと思います。そして、人間としての成功も見事に果たした、と言っても、おそらく誰からも許していただけるのではないかと私は思っています。

【著者紹介】
江口克彦（えぐち　かつひこ）
1940（昭和15）年2月1日、名古屋市生まれ。故・松下幸之助氏の直弟子とも、側近とも言われている。23年間、ほとんど毎日、毎晩、松下氏と語り合い、直接、指導を受けた松下幸之助思想の伝承者であり継承者。松下氏の言葉を伝えるだけでなく、その心を伝える講演、著作は定評がある。現在も、講演に執筆に精力的に活動。また、経済学博士でもある。参議院議員、PHP総合研究所社長、松下電器理事、内閣官房・道州制ビジョン懇談会座長など歴任。著書に『ひとことの力―松下幸之助の言葉』『部下論』『上司力20』（以上、東洋経済新報社）、『地域主権型道州制の総合研究』（中央大学出版部）、『こうすれば日本は良くなる』（自由国民社）など多数。

松下幸之助はなぜ成功したのか
人を活かす、経営を伸ばす

2017年1月26日発行

著　者――江口克彦
発行者――山縣裕一郎
発行所――東洋経済新報社
〒103-8345　東京都中央区日本橋本石町1-2-1
電話＝東洋経済コールセンター　03(5605)7021
http://toyokeizai.net/

装　丁…………㈱クロス　太田竜郎
カバー写真……高橋孫一郎
D T P…………アイシーエム
印刷・製本……丸井工文社
編集担当………岡田光司
 Printed in Japan　ISBN 978-4-492-50288-4